# Kuchnia Przeciwwzapalna
# Droga do Zdrowia i Dobrego Samopoczucia

## Katarzyna Nowak

## *Zawartość*

Pikantne brokuły, kalafior i tofu z czerwoną cebulą ................ 15
Składniki: ................ 15
Wskazówki: ................ 16
Porcje fasoli i łososia na patelni: 4 ................ 17
Składniki: ................ 17
Wskazówki: ................ 18
Porcje zupy marchewkowej: 4 ................ 19
Składniki: ................ 19
Wskazówki: ................ 20
Zdrowa sałatka z makaronem Porcje: 6 ................ 21
Składniki: ................ 21
Wskazówki: ................ 21
Porcje curry z ciecierzycy: 4 do 6 ................ 23
Składniki: ................ 23
Wskazówki: ................ 24
Strogonow z mięsa mielonego Składniki: ................ 25
Wskazówki: ................ 25
Porcje krótkich żeberek w sosie: 4 ................ 27
Składniki: ................ 27
Wskazówki: ................ 28
Bezglutenowa zupa z makaronem i kurczakiem Porcje: 4 ................ 29
Składniki: ................ 29
Curry z soczewicy Porcje: 4 ................ 31
Składniki: ................ 31

Wskazówki: .................................................................................................. 32

Porcje kurczaka i groszku śnieżnego: 4 ................................................... 34

Składniki: ..................................................................................................... 34

Wskazówki: .................................................................................................. 35

Soczyste brokuły z anchois i migdałami Porcje: 6 ................................... 36

Składniki: ..................................................................................................... 36

Wskazówki: .................................................................................................. 36

Porcja naleśników shiitake i szpinaku: 8 .................................................. 38

Składniki: ..................................................................................................... 38

Wskazówki: .................................................................................................. 38

Surówka z brokułów i kalafiora Porcje: 6 ................................................. 40

Składniki: ..................................................................................................... 40

Wskazówki: .................................................................................................. 41

Sałatka z kurczakiem w chińskim wydaniu ............................................. 42

Porcje: 3 ....................................................................................................... 42

Składniki: ..................................................................................................... 42

Wskazówki: .................................................................................................. 43

Porcje papryk faszerowanych amarantusem i komosą ryżową: 4 ......... 45

Składniki: ..................................................................................................... 45

Chrupiące filety rybne w serowej panierce Porcje: 4 ............................. 47

Składniki: ..................................................................................................... 47

Wskazówki: .................................................................................................. 47

Fasola białkowa i zielone nadziewane muszle ........................................ 49

Składniki: ..................................................................................................... 49

Azjatycka sałatka makaronowa: ................................................................ 52

Wskazówki: .................................................................................................. 52

Porcje łososia i fasolki szparagowej: 4 ..................................................... 54

Składniki: ..................................................................................... 54

Wskazówki: .................................................................................. 54

Składniki na pierś z kurczaka nadziewanego serem ................... 56

Wskazówki: .................................................................................. 57

Rukola z gorgonzolą i winegretem Porcje: 4 .............................. 58

Składniki: ..................................................................................... 58

Wskazówki: .................................................................................. 58

Zupa kapuśniakowa Porcje: 6 ..................................................... 60

Składniki: ..................................................................................... 60

Porcje ryżu kalafiorowego: 4 ...................................................... 61

Składniki: ..................................................................................... 61

Wskazówki: .................................................................................. 61

Porcje z fetą frittata i szpinakiem: 4 ........................................... 62

Składniki: ..................................................................................... 62

Wskazówki: .................................................................................. 62

Naklejka z ognistym kurczakiem – składniki ............................. 64

Wskazówki: .................................................................................. 65

Krewetki czosnkowe z pokruszonym kalafiorem Porcje: 2 ....... 65

Składniki: ..................................................................................... 66

Wskazówki: .................................................................................. 66

Porcje tuńczyka brokułowego: 1 ................................................ 68

Składniki: ..................................................................................... 68

Wskazówki: .................................................................................. 68

Zupa z dyni piżmowej i krewetek Porcje: 4 ............................... 69

Składniki: ..................................................................................... 69

Wskazówki: .................................................................................. 70

Porcje pysznych pieczonych kulek z indyka: 6 .......................... 71

Składniki: ............................................................................................. 71

Wskazówki: ......................................................................................... 71

Lekka zupa z małży Porcje: 4 ............................................................. 73

Składniki: ............................................................................................. 73

Wskazówki: ......................................................................................... 74

Porcje ryżu i kurczaka w doniczkach: 4 ............................................ 75

Składniki: ............................................................................................. 75

Wskazówki: ......................................................................................... 76

Smażone krewetki Jambalaya Porcje: 4 ............................................ 78

Składniki: ............................................................................................. 78

Kurczak Chili Porcje: 6 ........................................................................ 80

Składniki: ............................................................................................. 80

Wskazówki: ......................................................................................... 81

Zupa czosnkowa z soczewicą Porcje: 4 ............................................. 82

Składniki: ............................................................................................. 82

Soczysta cukinia i kurczak w klasycznej smażonej panierce Santa Fe ....... 84

Składniki: ............................................................................................. 84

Wskazówki: ......................................................................................... 85

Tilapia Tacos z wyśmienitą sałatką imbirowo-sezamową ............... 86

Składniki: ............................................................................................. 86

Wskazówki: ......................................................................................... 86

Gulasz curry z soczewicy Porcje: 4 .................................................... 88

Składniki: ............................................................................................. 88

Wskazówki: ......................................................................................... 88

Sałatka Cezar z jarmużem i wrapem z grillowanym kurczakiem Porcje: 2 90

Składniki: ............................................................................................. 90

Wskazówki: ......................................................................................... 91

Porcje sałatki ze szpinakiem: 1 ..................................................... 92

Składniki: ............................................................................................ 92

Wskazówki: ........................................................................................ 92

Łosoś w panierce z orzechami i rozmarynem Porcje: 6 ..................... 93

Składniki: ............................................................................................ 93

Wskazówki: ........................................................................................ 94

Pieczone Słodkie Ziemniaki Z Czerwonym Sosem Tahini Porcje: 4 ......... 95

Składniki: ............................................................................................ 95

Wskazówki: ........................................................................................ 96

Porcje włoskiej letniej zupy dyniowej: 4 ............................................ 97

Składniki: ............................................................................................ 97

Wskazówki: ........................................................................................ 98

Porcje zupy szafranowo-łososiowej: 4 ............................................... 99

Składniki: ............................................................................................ 99

Słodko-kwaśna zupa krewetkowo-grzybowa o tajskim smaku ........ 101

Składniki: .......................................................................................... 101

Wskazówki: ...................................................................................... 102

Orzo z suszonymi pomidorami Składniki: ....................................... 104

Wskazówki: ...................................................................................... 104

Porcje zupy grzybowo-buraczanej: 4 ............................................... 105

Składniki: .......................................................................................... 106

Wskazówki: ...................................................................................... 106

Pulpety Z Kurczaka Parmezanem Składniki: ................................... 108

Wskazówki: ...................................................................................... 108

Pulpety Alla Parmigiana Składniki: .................................................. 110

Wskazówki: ...................................................................................... 111

Talerz z piersią indyka ze złotymi warzywami ................................ 112

Składniki: .................................................................................... 112

Wskazówki: ................................................................................ 112

Zielone curry z kokosem i gotowanym ryżem Porcje: 8 ....................... 114

Składniki: .................................................................................... 114

Wskazówki: ................................................................................ 114

Zupa ze słodkich ziemniaków i kurczaka z soczewicą Porcje: 6 ............ 116

Składniki: .................................................................................... 116

Wskazówki: ................................................................................ 117

Porcje ryżu z krewetkami i masłem cytrynowym: 3 ............................ 118

Składniki: .................................................................................... 118

Wskazówki: ................................................................................ 118

Pieczone Krewetki Limonkowe Z Cukinią I Kukurydzą Porcje: 4 ............ 120

Składniki: .................................................................................... 120

Wskazówki: ................................................................................ 121

Zupa kalafiorowa Porcje: 10 ........................................................... 122

Składniki: .................................................................................... 122

Wskazówki: ................................................................................ 122

Burger ze słodkich ziemniaków i czarnej fasoli Porcje: 6 ..................... 124

Składniki: .................................................................................... 124

Wskazówki: ................................................................................ 125

Zupa Kokosowo-Grzybowa Porcje: 3 ............................................... 127

Składniki: .................................................................................... 127

Wskazówki: ................................................................................ 127

Sałatka owocowa w stylu zimowym Porcje: 6 ................................... 129

Składniki: .................................................................................... 129

Wskazówki: ................................................................................ 129

Udka z kurczaka pieczone w miodzie z marchewką Porcje: 4 .............. 131

Składniki: ........................................................................................... 131

Wskazówki: ...................................................................................... 131

Indyk Chili Porcje: 8 ....................................................................... 133

Składniki: ........................................................................................... 133

Wskazówki: ...................................................................................... 134

Pikantna zupa z soczewicy Porcje: 5 ........................................ 135

Składniki: ........................................................................................... 135

Wskazówki: ...................................................................................... 135

Porcje kurczaka i warzyw czosnkowych: 4 ........................... 137

Składniki: ........................................................................................... 137

Wskazówki: ...................................................................................... 137

Porcje sałatki z wędzonym łososiem: 4 .................................. 139

Składniki: ........................................................................................... 139

Wskazówki: ...................................................................................... 140

Sałatka z fasolą Shawarma Porcje: 2 ........................................ 141

Składniki: ........................................................................................... 141

Wskazówki: ...................................................................................... 142

Ryż smażony z ananasem Porcje: 4 .......................................... 144

Składniki: ........................................................................................... 144

Wskazówki: ...................................................................................... 145

Porcje zupy z soczewicy: 2 .......................................................... 146

Składniki: ........................................................................................... 146

Wskazówki: ...................................................................................... 147

Porcje pysznej sałatki z tuńczyka: 2 ......................................... 148

Składniki: ........................................................................................... 148

Wskazówki: ...................................................................................... 148

Porcje aioli jajecznego: 12 ........................................................... 150

Składniki: .......................................................................................... 150

Wskazówki: ....................................................................................... 150

Makaron spaghetti z sosem grzybowo-ziołowym Składniki: ................... 152

Wskazówki: ....................................................................................... 152

Zupa Shitake Miso z brązowego ryżu i cebulką ..................................... 155

Składniki: .......................................................................................... 155

Pstrąg wędrowny z grilla z winegretem czosnkowo-pietruszkowym ..... 157

Składniki: .......................................................................................... 157

Wskazówki: ....................................................................................... 157

Wrapy z kalafiora i ciecierzycy w curry Składniki: ................................. 159

Wskazówki: ....................................................................................... 160

Zupa z makaronem gryczanym Porcje: 4 ............................................. 162

Składniki: .......................................................................................... 162

Wskazówki: ....................................................................................... 163

Prosta sałatka z łososiem Porcje: 1 ...................................................... 164

Składniki: .......................................................................................... 164

Wskazówki: ....................................................................................... 164

Zupa jarzynowa Porcje: 4 .................................................................... 165

Składniki: .......................................................................................... 165

Wskazówki: ....................................................................................... 166

Krewetki cytrynowo-czosnkowe Porcje: 4 ............................................ 167

Składniki: .......................................................................................... 167

Wskazówki: ....................................................................................... 167

Składniki: .......................................................................................... 168

Mostek z serem pleśniowym ............................................................... 169

Porcje: 6 ............................................................................................. 169

Składniki: .......................................................................................... 169

Wskazówki: .................................................................................................... 170

Soba na zimno z dressingiem Miso Składniki: ........................................ 171

Wskazówki: .................................................................................................... 172

Kawałki pieczonego kalafiora bawolego Porcje: 2 ................................... 173

Składniki: ....................................................................................................... 173

Wskazówki: .................................................................................................... 173

Kurczak Pieczony Czosnkowo Z Bazylią I Pomidorami Porcje: 4 ............ 175

Składniki: ....................................................................................................... 175

Wskazówki: .................................................................................................... 176

Porcje kremowej zupy kalafiorowej z kurkumą: 4 .................................. 177

Składniki: ....................................................................................................... 177

Wskazówki: .................................................................................................... 178

Ryż brązowy z grzybami, jarmużem i słodkim ziemniakiem ................. 179

Składniki: ....................................................................................................... 179

Przepis na pieczoną tilapię z polewą z orzechów pekan i rozmarynu .... 181

Składniki: ....................................................................................................... 181

Tortilla z czarną fasolą Porcje: 2 ................................................................. 183

Składniki: ....................................................................................................... 183

Wskazówki: .................................................................................................... 183

Kurczak z białej fasoli z zimowymi zielonymi warzywami ..................... 184

Składniki: ....................................................................................................... 184

Wskazówki: .................................................................................................... 185

Porcje pieczonego łososia z ziołami: 2 ...................................................... 186

Składniki: ....................................................................................................... 186

Wskazówki: .................................................................................................... 186

Sałatka z kurczakiem i jogurtem greckim ................................................ 188

Składniki: ....................................................................................................... 188

| | |
|---|---|
| Wskazówki: | 188 |
| Sałatka z ciecierzycy | 189 |
| Składniki: | 189 |
| Wskazówki: | 190 |
| Sałatka Walencka porcji: 10 | 191 |
| Składniki: | 191 |
| Wskazówki: | 192 |
| Porcje zupy „Jedz warzywa": 4 | 193 |
| Składniki: | 193 |
| Wskazówki: | 194 |
| Porcje łososia miso i fasolki szparagowej: 4 | 195 |
| Składniki: | 195 |
| Wskazówki: | 195 |
| Porcje zupy z pora, kurczaka i szpinaku: 4 | 196 |
| Składniki: | 196 |
| Wskazówki: | 196 |
| Porcja bomb z ciemnej czekolady: 24 | 198 |
| Składniki: | 198 |
| Wskazówki: | 198 |
| Porcje włoskiej papryki faszerowanej: 6 | 200 |
| Składniki: | 200 |
| Wskazówki: | 200 |
| Wędzony pstrąg zawijany w sałatę Porcje: 4 | 202 |
| Składniki: | 202 |
| Wskazówki: | 203 |
| Składniki na sałatkę z jajkiem faszerowanym: | 204 |
| Wskazówki: | 204 |

Kurczak sezamowy i fasolka szparagowa Tamari ..................................206

Składniki: ..............................................................................................206

Wskazówki: ...........................................................................................206

Porcja gulaszu z kurczaka imbirowego: 6 ............................................208

Składniki: ..............................................................................................208

Wskazówki: ...........................................................................................209

Składniki na kremową sałatkę garbano: ..............................................210

Wskazówki: ...........................................................................................211

Makaron marchewkowy z sosem imbirowo-limonkowo-orzechowym ..213

Składniki: ..............................................................................................213

Wskazówki: ...........................................................................................214

Pieczone Warzywa Z Batatami I Białą Fasolą .......................................215

Składniki: ..............................................................................................215

Wskazówki: ...........................................................................................216

Sałatka z jarmużem Porcje: 1 ...............................................................217

Składniki: ..............................................................................................217

Wskazówki: ...........................................................................................217

Orzechy kokosowe, schłodzone w szkle Porcje: 1 ................................219

Składniki: ..............................................................................................219

Wskazówki: ...........................................................................................219

Porcje z ciecierzycy i świeżego szpinaku: 4 .........................................220

Składniki: ..............................................................................................220

Wskazówki: ...........................................................................................220

# Pikantne brokuły, kalafior i tofu z czerwoną cebulą

## Porcje: 2

Czas gotowania: 25 minut

## Składniki:

2 szklanki różyczek brokułów

2 szklanki różyczek kalafiora

1 średnia czerwona cebula, pokrojona w kostkę

3 łyżki oliwy z oliwek z pierwszego tłoczenia

1 łyżeczka soli

¼ łyżeczki świeżo zmielonego czarnego pieprzu

1 funt twardego tofu, pokrojonego w 1-calową kostkę

1 ząbek czosnku, posiekany

1 kawałek (¼ cala) świeżego imbiru, posiekanego

## *Wskazówki:*

1. Rozgrzej piekarnik do 200°F.

2. Połącz brokuły, kalafior, cebulę, olej, sól i pieprz na dużej blasze do pieczenia o brzegach i dobrze wymieszaj.

3. Piec, aż warzywa zmiękną, od 10 do 15 minut.

4. Dodaj tofu, czosnek i imbir. Piec w ciągu 10 minut.

5. Delikatnie wymieszaj składniki na blasze do pieczenia, aby połączyć tofu z warzywami i podawaj.

Informacje żywieniowe:Kalorie 210 Tłuszcze ogółem: 15 g Węglowodany ogółem: 11 g Cukier: 4 g Błonnik: 4 g Białko: 12 g Sód: 626 mg

## *Porcje fasoli i łososia na patelni: 4*

Czas gotowania: 25 minut

## *Składniki:*

1 szklanka czarnej fasoli z puszki, odsączonej i opłukanej 4 ząbki czosnku, posiekane

1 żółta cebula, posiekana

2 łyżki oliwy z oliwek

4 filety z łososia, bez kości

½ łyżeczki kolendry, mielonej

1 łyżeczka sproszkowanej kurkumy

2 pomidory, pokrojone w kostkę

½ szklanki bulionu z kurczaka

Szczypta soli i czarnego pieprzu

½ łyżeczki nasion kminku

1 łyżka szczypiorku, posiekanego

## *Wskazówki:*

1. Rozgrzej patelnię z olejem na średnim ogniu, dodaj cebulę i czosnek i smaż przez 5 minut.

2. Dodaj rybę i smaż przez 2 minuty z każdej strony.

3. Dodać fasolę i pozostałe składniki, delikatnie wymieszać i gotować kolejne 10 minut.

4. Rozłóż mieszaninę pomiędzy talerze i od razu podawaj na lunch.

Informacje żywieniowe:kalorie 219, tłuszcze 8, błonnik 8, węglowodany 12, białko 8

## *Porcje zupy marchewkowej: 4*

Czas gotowania: 40 minut

## *Składniki:*

1 szklanka dyni piżmowej, posiekanej

1 łyżka. Oliwa z oliwek

1 łyżka. Kurkuma w proszku

14 ½ uncji. Mleko kokosowe, lekkie

3 szklanki posiekanej marchewki

1 por, opłukany i pokrojony w plasterki

1 łyżka. Imbir, tarty

3 szklanki bulionu warzywnego

1 szklanka kopru włoskiego, posiekanego

Sól i pieprz do smaku

2 ząbki czosnku, posiekane

## *Wskazówki:*

1. Zacznij od podgrzania holenderskiego piekarnika na średnim ogniu.

2. Dodajemy po łyżce oliwę, następnie dodajemy koper włoski, dynię, marchewkę i por. Dobrze wymieszaj.

3. Teraz smaż przez 4-5 minut lub do momentu, aż zmięknie.

4. Następnie dodaj kurkumę, imbir, pieprz i czosnek. Gotuj przez kolejne 1 do 2 minut.

5. Następnie wlać bulion i mleko kokosowe. Dobrze wymieszaj.

6. Następnie zagotuj mieszaninę i przykryj garnek.

7. Gotować na wolnym ogniu przez 20 minut.

8. Po ugotowaniu przenieś mieszaninę do wysokoobrotowego blendera i miksuj przez 1-2 minuty lub do momentu uzyskania gładkiej, kremowej zupy.

9. Sprawdź przyprawę i jeśli to konieczne dodaj więcej soli i pieprzu.

Informacje żywieniowe:Kalorie: 210,4 kcal Białko: 2,11 g Węglowodany: 25,64 g Tłuszcz: 10,91 g

## Zdrowa sałatka z makaronem Porcje: 6

Czas gotowania: 10 minut

## Składniki:

1 opakowanie bezglutenowego makaronu Fusilli

1 szklanka pomidorów winogronowych, pokrojonych w plasterki

1 garść świeżej kolendry, posiekanej

1 szklanka oliwek przekrojonych na pół

1 szklanka posiekanej świeżej bazylii

½ szklanki oliwy z oliwek

Sól morska do smaku

## Wskazówki:

1. Wymieszaj oliwę z oliwek, posiekaną bazylię, kolendrę i sól morską. Odłożyć.

2. Makaron ugotować zgodnie z instrukcją na opakowaniu, odcedzić i przepłukać.

3. Wymieszaj makaron z pomidorami i oliwkami.

4. Dodaj mieszaninę oliwy z oliwek i mieszaj, aż składniki dobrze się połączą.

Informacje żywieniowe:Węglowodany ogółem 66 g Błonnik pokarmowy: 5 g Białko: 13 g Tłuszcze ogółem: 23 g Kalorie: 525

## *Porcje curry z ciecierzycy: 4 do 6*

Czas gotowania: 25 minut

## *Składniki:*

2 × 15 uncji Ciecierzyca, umyta, odsączona i ugotowana 2 łyżki. Oliwa z oliwek

1 łyżka. Kurkuma w proszku

½ z 1 cebuli, pokrojonej w kostkę

1 C. Cayenne, uziemiony

4 ząbki czosnku, posiekane

2 łyżki stołowe. chili w proszku

15 uncji przecieru pomidorowego

Czarny pieprz, według potrzeby

2 łyżki stołowe. Koncentrat pomidorowy

1 C. Cayenne, uziemiony

½ łyżki. syrop klonowy

½ z 15 uncji puszka mleka kokosowego

2 łyżki stołowe. Kminek, mielony

2 łyżki stołowe. wędzona papryka

## Wskazówki:

1. Rozgrzej dużą patelnię na średnim ogniu. W tym celu łyżką oleju.

2. Gdy olej się rozgrzeje, dodaj cebulę i smaż przez 3 do 4 minut lub do momentu, aż zmiękną.

3. Następnie wlać koncentrat pomidorowy, syrop klonowy, wszystkie przyprawy, przecier pomidorowy i czosnek. Dobrze wymieszaj.

4. Następnie dodać ciecierzycę ugotowaną na mleku kokosowym, czarnym pieprzu i soli.

5. Teraz wszystko dobrze wymieszaj i gotuj na wolnym ogniu przez 8-10 minut lub do momentu, aż zgęstnieje.

6. Skropić sokiem z limonki i według uznania udekorować kolendrą.

Informacje żywieniowe:Kalorie: 224 kcal Białko: 15,2 g Węglowodany: 32,4 g Tłuszcz: 7,5 g

## Strogonow z mięsa mielonego Składniki:

1 funt chudego mięsa mielonego

1 mała cebula pokrojona w kostkę

1 zmielony ząbek czosnku

3/4 funta świeżo pokrojonych grzybów

3 łyżki mąki

2 szklanki bulionu mięsnego

sól i pieprz do smaku

2 łyżeczki sosu Worcestershire

3/4 szklanki pikantnej śmietanki

2 łyżki świeżej pietruszki

## Wskazówki:

1. Zmielonego na ciemno hamburgera, cebulę i czosnek (starając się nie rozdzielić) w naczyniu, aż przestanie być różowy. Gruby uchwyt.

2. Dodajemy pokrojone grzyby i smażymy 2-3 minuty. Dodać mąkę i smażyć stopniowo przez 1 minutę.

3. Dodać bulion, sos Worcestershire, sól i pieprz i podgrzewać do wrzenia. Zmniejsz ogień i gotuj na małym ogniu przez 10 minut.

Makaron jajeczny ugotuj zgodnie z instrukcjami na nagłówkach opakowań.

4. Zdjąć masę mięsną z ognia, dodać gorącą śmietanę i natkę pietruszki.

5. Podawać z makaronem jajecznym.

*Porcje krótkich żeberek w sosie: 4*

Czas gotowania: 65 minut

## Składniki:

2 funty. krótkie żeberka wołowe

1 ½ łyżeczki oliwy z oliwek

1 ½ łyżki sosu sojowego

1 łyżka sosu Worcestershire

1 łyżka stewii

1 ¼ szklanki posiekanej cebuli.

1 łyżeczka mielonego czosnku

1/2 szklanki czerwonego wina

⅓ szklanki ketchupu, bez cukru

Sól i czarny pieprz do smaku

## *Wskazówki:*

1. Żeberka pokroić na 3 części i natrzeć je czarnym pieprzem i solą.

2. Dodaj olej do Instant Pot i naciśnij Sauté.

3. Żeberka włóż na olej i smaż po 5 minut z każdej strony.

4. Dodać cebulę i smażyć przez 4 minuty.

5. Dodaj czosnek i smaż przez 1 minutę.

6. W misce wymieszaj pozostałe składniki i polej żeberka.

7. Załóż pokrywkę i gotuj przez 55 minut w trybie ręcznym pod wysokim ciśnieniem.

8. Po zakończeniu naturalnie zwolnij ciśnienie, a następnie zdejmij pokrywkę.

9. Podawaj gorące.

Informacje żywieniowe:Kalorie 555, Węglowodany 12,8 g, Białko 66,7 g, Tłuszcze 22,3 g, Błonnik 0,9 g

# Bezglutenowa zupa z makaronem i kurczakiem

## Porcje: 4

Czas gotowania: 25 minut

## Składniki:

¼ szklanki oliwy z oliwek z pierwszego tłoczenia

3 łodygi selera, pokrojone w ¼-calowe plasterki

2 średnie marchewki, pokrojone w ¼-calową kostkę

1 mała cebula, pokrojona w ¼-calową kostkę

1 gałązka świeżego rozmarynu

4 szklanki bulionu z kurczaka

8 uncji bezglutenowego penne

1 łyżeczka soli

¼ łyżeczki świeżo zmielonego czarnego pieprzu

2 szklanki pokrojonego w kostkę pieczonego kurczaka

¼ szklanki drobno posiekanej świeżej pietruszki płaskolistnej

## Wskazówki:

1. W dużym rondlu rozgrzej olej na dużym ogniu.

2. Dodaj seler, marchew, cebulę i rozmaryn i smaż, aż zmiękną, od 5 do 7 minut.

3. Dodać bulion, penne, sól i pieprz i doprowadzić do wrzenia.

4. Doprowadzić do wrzenia i gotować, aż penne będzie miękkie, od 8 do 10 minut.

5. Usuń i wyrzuć gałązkę rozmarynu, dodaj kurczaka i pietruszkę.

6. Zmniejsz ogień do niskiego. Gotuj w ciągu 5 minut i podawaj.

Informacje żywieniowe:Kalorie 485 Tłuszcz całkowity: 18 g Węglowodany ogółem: 47 g Cukier: 4 g Błonnik: 7 g Białko: 33 g Sód: 1423 mg

## Curry z soczewicy Porcje: 4

Czas gotowania: 40 minut

## Składniki:

2 łyżki stołowe. Nasiona gorczycy

1 C. Kurkuma, mielona

1 szklanka namoczonej soczewicy

2 łyżki stołowe. Nasiona kminku

1 pomidor, duży i posiekany

1 żółta cebula, pokrojona w cienkie plasterki

4 szklanki wody

Sól morska, według potrzeby

2 marchewki pokrojone w półksiężyce

3 garści startych liści szpinaku

1 C. Imbir, mielony

½ łyżeczki chili w proszku

2 łyżki stołowe. Olej kokosowy

## *Wskazówki:*

1. Najpierw umieść fasolę mung i wodę w głębokim rondlu ustawionym na średnim ogniu.

2. Teraz zagotuj mieszaninę fasoli i gotuj na wolnym ogniu.

3. Gotuj na wolnym ogniu przez 20–30 minut lub do momentu, aż fasola mung zmięknie.

4. Następnie w dużym rondlu na średnim ogniu rozgrzej olej kokosowy i dodaj nasiona gorczycy i kminku.

5. Jeśli nasiona gorczycy pękną, dodaj cebulę. Smaż cebulę przez 4

minut lub do momentu, aż zmiękną.

6. Dodaj czosnek łyżką i kontynuuj smażenie przez kolejną 1 minutę.

Kiedy już zaczną smakować, dodaj kurkumę i chili w proszku.

7. Następnie dodaj marchewkę i pomidora. Gotuj przez 6 minut lub do momentu, aż zmiękną.

8. Na koniec dodać ugotowaną soczewicę i dobrze wymieszać.

9. Dodaj liście szpinaku i smaż, aż zmiękną. Zdjąć z ognia. Podawaj na gorąco i ciesz się smakiem.

Informacje żywieniowe:Kalorie 290 kcal Białko: 14 g Węglowodany: 43 g Tłuszcz: 8 g

## Porcje kurczaka i groszku śnieżnego: 4

Czas gotowania: 10 minut

## Składniki:

1 ¼ szklanki piersi z kurczaka bez kości i skóry, pokrojonej w cienkie plasterki

3 łyżki posiekanej świeżej kolendry

2 łyżki oleju roślinnego

2 łyżki nasion sezamu

1 pęczek zielonej cebuli, pokrojonej w cienkie plasterki

2 łyżeczki Srirachy

2 ząbki czosnku, posiekane

2 łyżki octu ryżowego

1 papryka, pokrojona w cienkie plasterki

3 łyżki sosu sojowego

2 ½ szklanki groszku śnieżnego

Sól dla smaku

Świeżo zmielony czarny pieprz do smaku

## *Wskazówki:*

1. Rozgrzej olej na patelni na średnim ogniu. Dodaj czosnek i posiekaną zieloną cebulę. Gotuj przez minutę, następnie dodaj 2 ½ szklanki groszku śnieżnego wraz z pieprzem. Gotuj do miękkości, około 3-4 minut.

2. Dodaj kurczaka i smaż przez około 4 do 5 minut lub do momentu, aż będzie ugotowany.

3. Dodać 2 łyżeczki Sriracha, 2 łyżki nasion sezamu, 3

łyżki sosu sojowego i 2 łyżki octu ryżowego. Wszystko razem mieszamy, aż dobrze się połączy. Gotuj na wolnym ogniu przez 2-3 minuty na małym ogniu.

4. Dodać 3 łyżki posiekanej kolendry i dobrze wymieszać. Przełożyć i w razie potrzeby posypać dodatkowymi ziarnami sezamu i kolendrą. Cieszyć się!

<u>Informacje żywieniowe:</u>228 kalorii 11 g tłuszczu 11 g węglowodanów ogółem 20 g białka

## *Soczyste brokuły z anchois i migdałami Porcje: 6*

Czas gotowania: 10 minut

## Składniki:

2 różyczki brokułów, przycięte

1 łyżka oliwy z oliwek z pierwszego tłoczenia

1 świeża, długa czerwona papryczka chili, pozbawiona nasion, drobno posiekana 2 ząbki czosnku, pokrojone w cienkie plasterki

¼ szklanki naturalnych migdałów, grubo posiekanych

2 łyżeczki drobno startej skórki z cytryny

Wyciśnięty sok z cytryny, świeży

4 anchois w oleju, posiekane

## Wskazówki:

1. Rozgrzej olej w dużym rondlu, aż będzie gorący. Dodać odsączone anchois, czosnek, papryczkę chili i skórkę z cytryny. Gotuj do aromatu, przez 30

sekund, często mieszając. Dodaj migdały i kontynuuj smażenie przez kolejną minutę, często mieszając. Zdejmij z ognia i dodaj wyciśnięty sok ze świeżej cytryny.

2. Następnie umieść brokuły w koszyku do gotowania na parze ustawionym nad garnkiem z gotującą się wodą. Przykryj i gotuj do miękkości, przez 2

3 minuty drogi. Dobrze odcedź, a następnie przełóż na duży talerz. Na wierzch posyp mieszanką migdałową. Cieszyć się.

Informacje żywieniowe:kcal 350 Tłuszcz: 7 g Błonnik: 3 g Białko: 6 g

## Porcja naleśników shiitake i szpinaku: 8

Czas gotowania: 15 minut

## Składniki:

1 ½ szklanki grzybów shiitake, pokrojonych w plasterki

1 ½ szklanki posiekanego szpinaku

3 ząbki czosnku, posiekane

2 cebule, pokrojone w plasterki

4 łyżki Oliwa z oliwek

1 jajko

1 ½ szklanki ugotowanej komosy ryżowej

1 ½ łyżeczki Przyprawa włoska

1/3 szklanki prażonych nasion słonecznika, zmielonych

1/3 szklanki startego sera Pecorino

## Wskazówki:

1. Rozgrzej oliwę z oliwek w rondlu. Gdy będą gorące, smaż grzyby shiitake przez 3 minuty lub do momentu, aż lekko się przysmażą. Dodaj czosnek i

cebulę. Smaż przez 2 minuty lub do momentu, aż zacznie pachnieć i będzie półprzezroczysty. Odłożyć.

2. Na tej samej patelni rozgrzej resztę oliwy z oliwek. Dodaj szpinak. Zmniejsz ogień, następnie gotuj na wolnym ogniu przez 1 minutę, odcedź i przełóż na durszlak.

3. Drobno posiekaj szpinak i dodaj do masy grzybowej. Dodaj jajko do mieszanki szpinakowej. Wymieszaj ugotowaną komosę ryżową – dopraw przyprawą włoską, a następnie mieszaj, aż dobrze się wymiesza. Posypać pestkami słonecznika i serem.

4. Podziel masę szpinakową na kotleciki — ugotuj je w ciągu 5 minut

minut lub do momentu, aż będą twarde i złociste. Podawać z bułką burgerową.

Informacje żywieniowe:Kalorie 43 Węglowodany: 9 g Tłuszcz: 0 g Białko: 3 g

## Surówka z brokułów i kalafiora Porcje: 6

Czas gotowania: 20 minut

## Składniki:

vs. Czarny pieprz, mielony

3 szklanki różyczek kalafiora

1 łyżka. Ocet

1 C. Moja droga

8 szklanek posiekanego jarmużu

3 szklanki różyczek brokułów

4 łyżki Oliwa z oliwek z pierwszego tłoczenia

½ łyżeczki Sól

1 ½ łyżeczki Musztarda Dijon

1 C. Moja droga

½ szklanki suszonych wiśni

1/3 szklanki posiekanych orzechów pekan

1 szklanka startego sera Manchego

## *Wskazówki:*

1. Rozgrzej piekarnik do 150°F i umieść blachę do pieczenia na środkowej półce.

2. Następnie włóż różyczki kalafiora i brokułów do dużej miski.

3. Do tego dodać połowę soli, dwie łyżki oliwy i pieprz. Dobrze wymieszaj.

4. Teraz przenieś mieszaninę na rozgrzaną patelnię i smaż przez 12 minut, obracając w międzyczasie.

5. Gdy będzie miękkie i złociste, wyjmij je z piekarnika i pozostaw do całkowitego ostygnięcia.

6. W międzyczasie w drugiej misce wymieszaj pozostałe dwie łyżki oliwy, ocet, miód, musztardę i sól.

7. Posmaruj tą mieszanką liście jarmużu, masując je rękami. Odstaw na 3-5 minut.

8. Na koniec do sałatki z brokułów i kalafiora dodaj pieczone warzywa, ser, wiśnie i orzechy pekan.

Informacje żywieniowe:Kalorie: 259 kcal Białko: 8,4 g Węglowodany: 23,2 g Tłuszcz: 16,3 g

## Sałatka z kurczakiem w chińskim wydaniu

## Porcje: 3

Czas gotowania: 25 minut

## Składniki:

1 średnia zielona cebula (cienkie plasterki)

2 piersi z kurczaka bez kości

2 łyżki sosu sojowego

¼ łyżeczki białego pieprzu

1 łyżka oleju sezamowego

4 szklanki sałaty rzymskiej (posiekanej)

1 szklanka kapusty (rozdrobnionej)

Krojenie małych kostek marchwi

¼ szklanki płatków migdałowych

¼ szklanki makaronu (tylko do podania)

Przygotowanie sosu chińskiego:

1 zmielony ząbek czosnku

1 łyżeczka sosu sojowego

1 łyżka oleju sezamowego

2 łyżki octu ryżowego

1 łyżka cukru

## *Wskazówki:*

1. Przygotować sos chiński, mieszając w misce wszystkie składniki.

2. W misce marynuj piersi z kurczaka z czosnkiem, oliwą, sosem sojowym i białym pieprzem przez 20 minut.

3. Włóż naczynie do pieczenia do nagrzanego piekarnika (225°C).

4. Ułóż piersi z kurczaka w naczyniu do pieczenia i piecz przez prawie 20 minut

minuty.

5. Aby przygotować sałatkę, połącz sałatę rzymską, kapustę, marchewkę i zieloną cebulę.

6. Przed podaniem połóż na talerzu kawałek kurczaka i sałatkę. Skropić makaronem odrobiną winegretu.

<u>Informacje żywieniowe:</u>Kalorie 130 Węglowodany: 10 g Tłuszcz: 6 g Białko: 10 g

## *Porcje papryk faszerowanych amarantusem i komosą ryżową: 4*

Czas gotowania: 1 godzina i 10 minut

## Składniki:

2 łyżki amarantusa

1 średnia cukinia, obrana i starta

2 dojrzałe pomidory pokrojone w kostkę

2/3 szklanki (około 135 g) komosy ryżowej

1 cebula, średniej wielkości, drobno posiekana

2 zmiażdżone ząbki czosnku

1 łyżeczka mielonego kminku

2 łyżki lekko prażonych nasion słonecznika 75 g świeżej ricotty

2 łyżki porzeczek

4 papryki, duże, przekrojone wzdłuż na pół i pozbawione nasion 2 łyżki natki pietruszki płaskolistnej, grubo posiekanejWskazówki:

1. Wyłóż blachę do pieczenia, najlepiej dużą, papierem pergaminowym (nieprzywierającym), a następnie rozgrzej piekarnik do 150 F. Napełnij

średniej wielkości rondelek około pół litra wody, następnie dodaj amarantus i komosę ryżową; doprowadzić do wrzenia na umiarkowanym ogniu. Po zakończeniu zmniejsz ogień do niskiego; przykryj i gotuj na wolnym ogniu, aż ziarna staną się al dente i wchłonie wodę, 12 do 15

minuty. Zdjąć z ognia i odstawić.

2. W międzyczasie lekko posmaruj dużą patelnię olejem i rozgrzej na średnim ogniu. Gdy się zarumieni, dodajemy cebulę z cukinią i smażymy do miękkości, przez kilka minut, często mieszając. Dodaj kminek i czosnek; gotować przez minutę. Zdjąć z ognia i ostudzić.

3. Do miski miksującej (najlepiej dużej) włóż ziarna, mieszankę cebuli, pestki słonecznika, porzeczki, natkę pietruszki, ricottę i pomidora; dobrze wymieszaj składniki, aż dobrze się połączą – dopraw pieprzem i solą do smaku.

4. Papryki napełniamy przygotowaną mieszanką komosy ryżowej i układamy na blasze przykrywając ją folią. Piec od 17 do 20

minuty. Zdejmij folię i piecz, aż farsz stanie się złotobrązowy, a warzywa będą miękkie, jeszcze 15 do 20 minut.

Informacje żywieniowe:kcal 200 Tłuszcz: 8,5 g Błonnik: 8 g Białko: 15 g

## Chrupiące filety rybne w serowej panierce

## Porcje: 4

Czas gotowania: 10 minut

## Składniki:

szklanka bułki tartej pełnoziarnistej

szklanka startego parmezanu

¼ łyżeczki soli morskiej ¼ łyżeczki mielonego pieprzu

1 łyżka. 4 filety z tilapii w oliwie z oliwek

## Wskazówki:

1. Rozgrzej piekarnik do 100°C.

2. W misce wymieszaj bułkę tartą, parmezan, sól, pieprz i oliwę z oliwek.

3. Dobrze wymieszaj, aż składniki się dobrze połączą.

4. Posmaruj filety mieszanką i ułóż każdy na lekko posmarowanej blaszce do pieczenia.

5. Włóż blachę do piekarnika.

6. Piec przez 10 minut, aż filety będą ugotowane i rumiane.

Informacje żywieniowe:Kalorie: 255 Tłuszcz: 7 g Białko: 15,9 g

Węglowodany: 34 g Błonnik: 2,6 g

# Fasola białkowa i zielone nadziewane muszle

## Składniki:

Prawdziwa sól lub sól morska

Oliwa z oliwek

12 uncji muszelek wielkości opakowania (około 40) 1 funt zestalonego, rozłupanego szpinaku

2 do 3 ząbków czosnku, obranych i podzielonych

15 do 16 uncji ricotta cheddar (najlepiej pełne mleko) 2 jajka

1 puszka białej fasoli (np. cannellini), odcedzoną i opłukaną

½ C zielonego pesto, robionego na zamówienie lub kupowanego lokalnie. Mielony czarny pieprz

3 T (lub więcej) sosu marinara

Mielony parmezan lub ser cheddar pecorino (opcjonalnie)<u>Wskazówki:</u>

1. W dużym rondlu zagotuj co najmniej 5 litrów wody do wrzenia (lub ułóż w dwóch mniejszych porcjach). Dodaj łyżkę soli, szczyptę oliwy z oliwek i muszelki. Gotuj przez około 9 minut (lub do momentu, aż będzie całkiem twarda), mieszając od czasu do czasu, aby skorupki pozostały odizolowane. Muszle delikatnie przełóż na durszlak lub wyjmij je z wody otwartą łyżką.

Natychmiast umyć w zimnej wodzie. Wyłóż obramowany arkusz rozgrzewający folią spożywczą. Gdy muszle ostygną na tyle, że można je przetworzyć, należy je rozdzielić ręcznie, odsączyć z nadmiaru wody i otworzyć pojedynczą warstwą na foliowym pojemniku.

2. Do bańki w podobnym garnku wlej kilka litrów wody (lub użyj pozostałej wody po makaronie, jeśli jej nie odcedziłeś). Dodaj zestalony szpinak i gotuj przez trzy minuty na dużym ogniu, aż będzie delikatny. Wyłóż durszlak rozmoczonymi ręcznikami papierowymi, jeśli otwory są duże, a następnie przełóż szpinak. Umieść sitko nad miską, aby odcedzić więcej na początku napełniania.

3. Do robota kuchennego włóż sam czosnek i miksuj, aż zostanie drobno posiekany i przyklei się do boków. Zeskrob boki miski, w tym miejscu dodaj ricottę, jajka, fasolę, pesto, 1½

łyżeczki soli i trochę pieprzu (duży nacisk). Wciśnij szpinak w dłoń, aby dokładnie wypuścić krążącą w nim wodę, następnie dodaj go do pozostałych elementów robota kuchennego. Przetwarzaj, aż masa będzie gładka, z kilkoma małymi kawałkami szpinaku nadal zauważalnymi. Skłaniam się ku temu, aby nie degustować po dodaniu surowego jajka, ale jeśli uznasz, że jego podstawowy smak jest nieco zaniżony i zmodyfikuj aromat do smaku.

4. Rozgrzej grill do 350 (F) i delikatnie umyj lub naoliw 9 x 13"

patelnię i jeszcze jedno mniejsze danie z gulaszem (około 8-10 muszelek nie zmieści się w 9 x 13). Aby napełnić muszle, weź każdą muszlę po kolei, trzymając ją otwartą kciukiem i palcem wskazującym niedominującej dłoni.

Nabierz 3 do 4 łyżek stołowych, ładując drugą ręką i zeskrobując je do skorupki. Większość z nich nie będzie wyglądać świetnie, co jest w porządku! Napełnione muszle ułożyć obok siebie w przygotowanym pojemniku. Polej sosem muszle, pozostawiając charakterystyczne kawałki zielonego nadzienia. Rozłóż pojemnik w poprzek i przygotuj przez 30 minut. Zwiększ temperaturę do 375 (F), posyp muszle odrobiną mielonego parmezanu (jeśli używasz) i podgrzewaj jeszcze przez 5

do 10 minut, aż ser cheddar się rozpuści i opadnie nadmiar wilgoci.

5. Odstaw do ostygnięcia na 5 do 10 minut, a następnie podawaj samodzielnie lub ze świeżym talerzem mieszanki warzyw!

## Azjatycka sałatka makaronowa:

8 uncji lekkiego makaronu pełnoziarnistego – na przykład spaghetti (użyj makaronu soba, aby zrobić makaron bezglutenowy) 24 uncje Mann's Broccoli Coleslaw – 2 torebki po 12 uncji 4 uncje mielonej marchewki

1/4 szklanki oliwy z oliwek z pierwszego tłoczenia

1/4 szklanki octu ryżowego

3 łyżki nektaru – użyj jasnego nektaru z agawy, aby smakować jak warzywa

3 łyżki gładkiej pasty

2 łyżki sosu sojowego o niskiej zawartości sodu – w razie potrzeby bezglutenowego 1 łyżka sosu pieprzowego Sriracha – lub sosu czosnkowego chili, plus dodatkowa ilość do smaku

1 łyżka posiekanego młodego imbiru

2 łyżeczki mielonego czosnku – około 4 ząbki 3/4 szklanki prażonych, niesolonych orzeszków ziemnych – zwykle posiekanych 3/4 szklanki młodej kolendry – drobno posiekanej

## Wskazówki:

1. Podgrzej duży garnek osolonej wody aż do wrzenia. Ugotuj makaron, aż będzie trochę twardy, zgodnie z nagłówkami na opakowaniu. Odcedzić i szybko przepłukać zimną wodą, aby usunąć nadmiar skrobi i przerwać

gotowanie, po czym przenieść do dużej miski. Dodaj sałatkę brokułową i marchewkę.

2. Podczas gdy makaron się gotuje, wymieszaj oliwę z oliwek, ocet ryżowy, nektar, pastę orzechową, sos sojowy, Sriarchę, imbir i czosnek. Wlać mieszaninę makaronu i wymieszać do połączenia. Dodaj orzeszki ziemne i kolendrę i ponownie wymieszaj. Podawać schłodzone lub w temperaturze pokojowej z dodatkowym sosem Sriracha do wyboru.

3. Uwagi do wzoru

4. Sałatkę azjatycką z makaronem można podawać na zimno lub w temperaturze pokojowej.

Magazynek pozostaje w lodówce w wodoodpornym i szczelnym pojemniku aż do 3 dni.

## Porcje łososia i fasolki szparagowej: 4

Czas gotowania: 26 minut

## Składniki:

2 łyżki oliwy z oliwek

1 żółta cebula, posiekana

4 filety z łososia, bez kości

1 szklanka zielonej fasolki, przyciętej i przekrojonej na pół

2 ząbki czosnku, posiekane

½ szklanki bulionu z kurczaka

1 łyżeczka chili w proszku

1 łyżeczka słodkiej papryki

Szczypta soli i czarnego pieprzu

1 łyżka posiekanej kolendry

## Wskazówki:

1. Rozgrzej patelnię z olejem na średnim ogniu, dodaj cebulę, wymieszaj i smaż przez 2 minuty.

2. Dodaj rybę i smaż przez 2 minuty z każdej strony.

3. Dodać resztę składników, delikatnie wymieszać i gotować całość w temperaturze 360 stopni F przez 20 minut.

4. Rozłóż wszystko pomiędzy talerze i podawaj na obiad.

Informacje żywieniowe:kalorie 322, tłuszcz 18,3, błonnik 2, węglowodany 5,8, białko 35,7

## Składniki na pierś z kurczaka nadziewanego serem

2 zielone cebule (luźno pokrojone)

Jalapeño z 2 nasionami (małe kawałki)

1/4 łyżeczki kolendra

1 C. przyprawa limonkowa

4 uncje Monterey Jack Cheddar (grubo zmielony) 4 małe piersi z kurczaka bez kości i skóry

3 łyżki Oliwa z oliwek

Sól

Pieprz

3 łyżki sok limonkowy

2 papryczki dzwonkowe (delikatnie pokrojone)

1/2 małej czerwonej cebuli (drobno pokrojona)

5 rozdz. porwana sałata rzymska

## Wskazówki:

1. Rozgrzej grill do 450°F. W misce połącz posiekaną zieloną cebulę i papryczki jalapeño, 1/4 szklanki kolendry (pokrojonej) i mieszankę limonki, następnie dodaj ser cheddar Monterey Jack.

2. Zakończ ostrzem najgrubszy kawałek każdej piersi kurczaka pozbawionej kości i skóry i poruszaj się tam i z powrotem, aby utworzyć kieszeń o średnicy 2 1/2 cala tak szeroką, jak to możliwe, bez wysiłku. Napełnij kurczaka mieszanką sera cheddar.

3. Rozgrzej 2 łyżki oliwy z oliwek na dużej patelni na średnim ogniu.

Dopraw kurczaka solą i pieprzem i smaż, aż z jednej strony zrobi się ciemniejszy, od 3 do 4 minut. Odwróć kurczaka i grilluj, aż będzie ugotowany, od 10 do 12 minut.

4. W międzyczasie w dużej misce wymieszaj sok z limonki, 1

łyżka oliwy z oliwek i 1/2 łyżeczki soli. Dodaj paprykę i czerwoną cebulę i odstaw na 10 minut, sporadycznie mieszając. Dodaj sałatę rzymską i 1 szklankę świeżej kolendry. Podawać z kawałkami kurczaka i limonki.

## Rukola z gorgonzolą i winegretem Porcje: 4

Czas gotowania: 0 minut

## Składniki:

1 wiązka rakiet, wyczyszczona

1 gruszka, pokrojona w cienkie plasterki

1 łyżka świeżego soku z cytryny

1 ząbek czosnku, zmiażdżony

1/3 szklanki sera Gorgonzola, pokruszonego

1/4 szklanki bulionu warzywnego o obniżonej zawartości sodu

Świeżo zmielony pieprz

4 łyżeczki oliwy z oliwek

1 łyżka octu jabłkowego

## Wskazówki:

1. Do miski włóż plasterki gruszki i sok z cytryny. Mieszać do pokrycia.

Na talerzu ułóż plasterki gruszki i rukolę.

2. W misce wymieszaj ocet, olej, ser, bulion, pieprz i czosnek. Odstawić na 5 minut, wyjąć czosnek. Dodaj winegret i podawaj.

Informacje żywieniowe:Kalorie 145 Węglowodany: 23 g Tłuszcz: 4 g Białko: 6 g

## Zupa kapuśniakowa Porcje: 6

Czas gotowania: 35 minut

## Składniki:

1 żółta cebula, posiekana

1 główka zielonej kapusty, startej

2 łyżki oliwy z oliwek

5 szklanek bulionu warzywnego

1 marchewka, obrana i starta

Szczypta soli i czarnego pieprzu

1 łyżka posiekanej kolendry

2 łyżeczki tymianku, posiekanego

½ łyżeczki wędzonej papryki

½ łyżeczki ostrej papryki

1 łyżka soku z cytryny

## Porcje ryżu kalafiorowego: 4

Czas gotowania: 10 minut

## Składniki:

¼ szklanki oleju kuchennego

1 łyżka. Olej kokosowy

1 łyżka. Cukier kokosowy

4 szklanki kalafiora podzielonego na różyczki ½ łyżeczki. Sól

## Wskazówki:

1. Najpierw włóż kalafior do robota kuchennego i miksuj przez 1 do 2 minut.

2. Rozgrzej olej na dużej patelni na średnim ogniu, następnie dodaj ryżowego kalafiora, cukier kokosowy i sól.

3. Dobrze wymieszaj i gotuj przez 4-5 minut lub do momentu, aż kalafior będzie lekko miękki.

4. Na koniec wlej mleko kokosowe i delektuj się nim.

Informacje żywieniowe:Kalorie 108 kcal Białko: 27,1 g Węglowodany: 11 g Tłuszcz: 6 g

## Porcje z fetą frittata i szpinakiem: 4

Czas gotowania: 10 minut

## Składniki:

½ małej brązowej cebuli

250 g szpinaku baby

½ szklanki sera feta

1 łyżka pasty czosnkowej

4 ubite jajka

Mieszanka Przyprawowa

Sól i pieprz do smaku

1 łyżka oliwy z oliwek

## Wskazówki:

1. Na olej dodajemy drobno posiekaną cebulę i smażymy na średnim ogniu.

2. Do jasnobrązowej cebuli dodać szpinak i mieszać przez 2 minuty.

3. Do jajek dodać zimną mieszankę szpinaku i cebuli.

4. Teraz dodaj pastę czosnkową, sól i pieprz i wymieszaj.

5. Gotuj tę mieszaninę na małym ogniu i delikatnie wymieszaj jajka.

6. Do jajek dodać ser feta i postawić patelnię pod rozgrzanym już grillem.

7. Gotuj prawie 2-3 minuty, aż frittata będzie złocistobrązowa.

8. Podawaj frittatę feta na gorąco lub na zimno.

<u>Informacje żywieniowe:</u>Kalorie 210 Węglowodany: 5 g Tłuszcz: 14 g Białko: 21 g

## *Naklejka z ognistym kurczakiem – składniki*

1 funt mielonego kurczaka

1/2 szklanki zniszczonej kapusty

1 marchewka, obrana i zniszczona

2 ząbki czosnku, wyciśnięte

2 zielone cebule, drobno posiekane

1 łyżka sosu sojowego o obniżonej zawartości sodu

1 łyżka sosu hoisin

1 łyżka naturalnie mielonego imbiru

2 łyżeczki oleju sezamowego

1/4 łyżeczki mielonego białego pieprzu

36 wontonowych opakowań

2 łyżki oleju roślinnego

NA SOS Z OLEJEM CHILI:

1/2 szklanki oleju roślinnego

1/4 szklanki suszonej czerwonej papryczki chili, pokruszonej

2 ząbki czosnku, posiekane

## Wskazówki:

1. Podgrzej olej roślinny w małym rondlu na średnim ogniu. Mieszaj pokruszoną paprykę i czosnek, mieszając od czasu do czasu, aż olej osiągnie 180 stopni F, około 8 do 10 minut; umieścić w bezpiecznym miejscu.

2. W dużej misce połącz kurczaka, kapustę, marchewkę, czosnek, dymkę, sos sojowy, sos hoisin, imbir, olej sezamowy i biały pieprz.

3. Aby zebrać pellet, umieść owijki na powierzchni roboczej.

Włóż 1 łyżkę mieszanki kurczaka w centralny punkt każdego opakowania. Palcem pocieraj brzegi owijek wodą. Zgnieć mieszaninę nad nadzieniem, tworząc półksiężyc, dociskając krawędzie, aby je zamknąć.

4. Rozgrzej olej roślinny na dużej patelni na średnim ogniu.

Umieść naklejki na garnkach w jednej warstwie i gotuj, aż będą lśniące i chłodne, około 2-3 minuty z każdej strony.

5. Podawaj szybko z gorącym sosem z oleju gulaszowego.

## *Krewetki czosnkowe z pokruszonym kalafiorem*
## *Porcje: 2*

Czas gotowania: 15 minut

## Składniki:

Aby przygotować krewetki

1 funt krewetek

2-3 łyżki przyprawy Cajun

Sól

1 łyżka masła/ghee

Do przygotowania ziaren kalafiora

2 łyżki ghee

12 uncji kalafiora

1 ząbek czosnku

Sól dla smaku

## Wskazówki:

1. Ugotuj kalafior i czosnek w 8 uncjach wody na średnim ogniu, aż będą miękkie.

2. Zmiksuj delikatny kalafior w robocie kuchennym z ghee. Stopniowo dodawaj wrzącą wodę, aż do uzyskania odpowiedniej konsystencji.

3. Posyp krewetki 2 łyżkami przyprawy Cajun i zamarynuj.

4. Na dużej patelni weź 3 łyżki ghee i usmaż krewetki na średnim ogniu.

5. Do miski włóż dużą łyżkę kaszy kalafiorowej i wypełnij smażonymi krewetkami.

Informacje żywieniowe:Kalorie 107 Węglowodany: 1 g Tłuszcz: 3 g Białko: 20 g

## Porcje tuńczyka brokułowego: 1

Czas gotowania: 10 minut

## Składniki:

1 C. Oliwa z oliwek z pierwszego tłoczenia

3 uncje Tuńczyk w wodzie, najlepiej jasny i duży, odsączony 1 łyżka. Orzechy, grubo posiekane

2 szklanki brokułów, drobno posiekanych

½ łyżeczki Ostry sos

## Wskazówki:

1. Zacznij od wymieszania brokułów, przypraw i tuńczyka w dużej misce, aż składniki się dobrze połączą.

2. Następnie włóż warzywa do mikrofalówki na 3 minuty lub do miękkości

3. Następnie do miski dodaj orzechy oraz oliwę i dobrze wymieszaj.

4. Podawaj i ciesz się.

Informacje żywieniowe:Kalorie 259 kcal Białko: 27,1 g Węglowodany: 12,9 g Tłuszcz: 12,4 g

## Zupa z dyni piżmowej i krewetek Porcje: 4

Czas gotowania: 20 minut

## Składniki:

3 łyżki niesolonego masła

1 mała czerwona cebula, drobno posiekana

1 ząbek czosnku, pokrojony w plasterki

1 łyżeczka kurkumy

1 łyżeczka soli

¼ łyżeczki świeżo zmielonego czarnego pieprzu

3 szklanki bulionu warzywnego

2 szklanki obranej dyni piżmowej, pokrojonej w kostkę o średnicy 1/4 cala 1 funt gotowanych krewetek w skorupkach, w razie potrzeby rozmrożonych 1 szklanka niesłodzonego mleka migdałowego

¼ szklanki płatków migdałowych (opcjonalnie)

2 łyżki drobno posiekanej świeżej natki pietruszki płaskolistnej 2 łyżeczki startej lub posiekanej skórki cytrynowej

## *Wskazówki:*

1. Rozpuść masło na dużym ogniu w dużym rondlu.

2. Dodaj cebulę, czosnek, kurkumę, sól i pieprz i smaż, aż warzywa będą miękkie i półprzezroczyste (5 do 7 minut).

3. Dodać bulion i dynię i doprowadzić do wrzenia.

4. Gotuj na wolnym ogniu przez 5 minut.

5. Dodaj krewetki i mleko migdałowe i gotuj, aż się rozgrzeją, około 2 minut.

6. Posyp migdałami (jeśli używasz), natką pietruszki i skórką z cytryny i podawaj.

<u>Informacje żywieniowe:</u>Kalorie 275 Tłuszcz całkowity: 12 g Węglowodany ogółem: 12 g Cukier: 3 g Błonnik: 2 g Białko: 30 g Sód: 1665 mg

## Porcje pysznych pieczonych kulek z indyka: 6

Czas gotowania: 30 minut

## Składniki:

1 funt mielonego indyka

½ szklanki świeżej bułki tartej, białej lub pełnoziarnistej ½ szklanki świeżo startego parmezanu

½ łyżki. bazylia, świeżo posiekana

½ łyżki. oregano, świeżo posiekane

1 duże ubite jajko

1 łyżka. natka pietruszki, świeżo posiekana

3 łyżki mleka lub wody

Szczypta soli i pieprzu

Szczypta świeżo startej gałki muszkatołowej

## Wskazówki:

1. Rozgrzej piekarnik do 150°F.

2. Dwie blachy do pieczenia wyłóż papierem pergaminowym.

3. Połącz wszystkie składniki w dużej misce.

4. Z mieszanki uformuj 1-calowe kulki i umieść każdą kulkę w naczyniu do pieczenia.

5. Włóż patelnię do piekarnika.

6. Piec przez 30 minut lub do momentu, aż indyk będzie ugotowany, a jego powierzchnia się zarumieni.

7. W połowie gotowania klopsiki obrócić raz.

Informacje żywieniowe:Kalorie: 517 kalorii Gres: 17,2 g Białko: 38,7 g Węglowodany: 52,7 g Błonnik: 1 g

## *Lekka zupa z małży Porcje: 4*

Czas gotowania: 15 minut

## *Składniki:*

2 łyżki niesolonego masła

2 średnie marchewki, pokrojone na ½-calowe kawałki

2 łodygi selera, pokrojone w cienkie plasterki

1 mała czerwona cebula, pokrojona w ¼-calową kostkę

2 ząbki czosnku, pokrojone w plasterki

2 szklanki bulionu warzywnego

1 butelka (8 uncji) soku z małży

1 puszka 10 uncji małży

½ łyżeczki suszonego tymianku

½ łyżeczki soli

¼ łyżeczki świeżo zmielonego czarnego pieprzu

## *Wskazówki:*

1. Rozpuść masło w dużym rondlu na dużym ogniu.

2. Dodaj marchewkę, seler, cebulę i czosnek i smaż, aż lekko zmiękną, 2 do 3 minut.

3. Dodać bulion i sok z małży i doprowadzić do wrzenia.

4. Doprowadzić do wrzenia i gotować, aż marchewki będą miękkie, od 3 do 5 minut.

5. Dodać małże wraz z sokiem, tymianek, sól i pieprz, podgrzewać przez 2–3 minuty i podawać.

<u>Informacje żywieniowe:</u>Kalorie 156 Tłuszcz całkowity: 7 g Węglowodany ogółem: 7 g Cukier: 3 g Błonnik: 1 g Białko: 14 g Sód: 981 mg

## *Porcje ryżu i kurczaka w doniczkach: 4*

Czas gotowania: 25 minut

# Składniki:

1 funt piersi z kurczaka z wolnego wybiegu, bez kości i skóry, ¼ szklanki brązowego ryżu

funt wybranych grzybów, pokrojonych w plasterki

1 por, posiekany

¼ szklanki posiekanych migdałów

1 szklanka wody

1 łyżka. Oliwa z oliwek

1 szklanka zielonej fasolki

½ szklanki octu jabłkowego

2 łyżki stołowe. mąka uniwersalna

1 szklanka mleka o niskiej zawartości tłuszczu

¼ szklanki parmezanu, świeżo startego

¼ szklanki kwaśnej śmietany

Szczypta soli morskiej, w razie potrzeby dodaj więcej

mielony czarny pieprz, do smaku

## *Wskazówki:*

1. Do rondla wsypać brązowy ryż. Dodaj wodę. Przykryć i doprowadzić do wrzenia. Zmniejsz ogień, a następnie gotuj na wolnym ogniu przez 30 minut lub do momentu ugotowania ryżu.

2. W międzyczasie na patelnię włóż pierś kurczaka i zalej tyle wody, aby przykryła – dopraw solą. Doprowadzić mieszaninę do wrzenia, następnie zmniejszyć ogień i gotować przez 10 minut.

3. Rozdrobnij kurczaka. Odłożyć.

4. Rozgrzej oliwę z oliwek. Gotuj pory do miękkości. Dodaj grzyby.

5. Do mieszanki wlej ocet jabłkowy. Smażyć mieszaninę, aż ocet odparuje. Na patelnię dodaj mąkę i mleko.

Posypać parmezanem i dodać śmietanę. Dopraw czarnym pieprzem.

6. Rozgrzej piekarnik do 150 stopni F. Lekko nasmaruj naczynie żaroodporne olejem.

7. W naczyniu żaroodpornym rozłóż ugotowany ryż, na wierzch połóż posiekanego kurczaka i fasolkę szparagową. Dodać grzyby i sos porowy.

Na wierzch połóż migdały.

8. Piec w ciągu 20 minut lub do złotego koloru. Ostudź przed podaniem.

Informacje żywieniowe:Kalorie 401 Węglowodany: 54 g Tłuszcz: 12 g Białko: 20 g

# Smażone krewetki Jambalaya Porcje: 4

Czas gotowania: 30 minut

## Składniki:

10 uncji średnie krewetki, obrane

szklanka posiekanego selera ½ szklanki posiekanej cebuli

1 łyżka. oliwa lub masło ¼ łyżeczki czosnku, posiekanego

łyżeczka soli cebulowej lub morskiej

szklanka sosu pomidorowego ½ łyżeczki wędzonej papryki

½ łyżeczki sosu Worcestershire

szklanka marchewki, posiekanej

1 szklanka kiełbasy z kurczaka, wstępnie ugotowanej i pokrojonej w kostkę 2 szklanki soczewicy namoczonej przez noc i wstępnie ugotowanej 2 szklanki posiekanej okry

Szczypta pokruszonej czerwonej papryki i startego czarnego pieprzu Parmezan do dekoracji (opcjonalnie)Wskazówki:

1. Podsmaż krewetki, seler i cebulę na oleju na patelni na średnim ogniu przez pięć minut lub do momentu, aż krewetki staną się różowawe.

2. Dodać resztę składników i smażyć 10

minut lub do momentu, aż warzywa będą miękkie.

3. Przed podaniem podziel mieszaninę jambalaya równomiernie na cztery miski.

4. W razie potrzeby udekoruj pieprzem i serem.

Informacje żywieniowe:Kalorie: 529 Tłuszcz: 17,6 g Białko: 26,4 g Węglowodany: 98,4 g Błonnik: 32,3 g

# Kurczak Chili Porcje: 6

Czas gotowania: 1 godzina

## Składniki:

1 żółta cebula, posiekana

2 łyżki oliwy z oliwek

2 ząbki czosnku, posiekane

1 funt piersi kurczaka, bez skóry, bez kości i pokrojonej w kostkę 1 zielona papryka, posiekana

2 szklanki bulionu z kurczaka

1 łyżka kakao w proszku

2 łyżki chili w proszku

1 łyżeczka wędzonej papryki

1 szklanka pomidorów z puszki, posiekanych

1 łyżka posiekanej kolendry

Szczypta soli i czarnego pieprzu

## Wskazówki:

1. Rozgrzej patelnię z oliwą na średnim ogniu, dodaj cebulę i czosnek i smaż przez 5 minut.

2. Dodać mięso i smażyć jeszcze 5 minut.

3. Dodać resztę składników, wymieszać, gotować na średnim ogniu przez 40 minut.

4. Rozłóż chili do misek i podawaj na lunch.

Informacje żywieniowe:kalorie 300, tłuszcze 2, błonnik 10, węglowodany 15, białko 11

## *Zupa czosnkowa z soczewicą Porcje: 4*

Czas gotowania: 15 minut

## *Składniki:*

2 łyżki oliwy z oliwek z pierwszego tłoczenia

2 średnie marchewki, pokrojone w cienkie plasterki

1 mała biała cebula, pokrojona w ¼-calową kostkę

2 ząbki czosnku, pokrojone w cienkie plasterki

1 łyżeczka mielonego cynamonu

1 łyżeczka soli

¼ łyżeczki świeżo zmielonego czarnego pieprzu

3 szklanki bulionu warzywnego

1 puszka (15 uncji) soczewicy, odsączonej i opłukanej 1 łyżka stołowa posiekanej lub startej skórki pomarańczowej

¼ szklanki posiekanych orzechów włoskich (opcjonalnie)

2 łyżki drobno posiekanej świeżej natki pietruszki płaskolistnejWskazówki:

1. W dużym rondlu rozgrzej olej na dużym ogniu.

2. Dodaj marchewkę, cebulę i czosnek i smaż, aż zmiękną (5 do 7).

minuty.

3. Dodaj cynamon, sól i pieprz i mieszaj, aby równomiernie pokryć warzywa, 1 do 2 minut.

4. Włóż bulion i zagotuj. Doprowadź do wrzenia, następnie dodaj soczewicę i gotuj przez maksymalnie 1 minutę.

5. Wymieszaj skórkę pomarańczową i podawaj posypane orzechami włoskimi (jeśli używasz) i natką pietruszki.

Informacje żywieniowe:Kalorie 201 Tłuszcze ogółem: 8 g Węglowodany ogółem: 22 g Cukier: 4 g Błonnik: 8 g Białko: 11 g Sód: 1178 mg

## Soczysta cukinia i kurczak w klasycznej smażonej panierce Santa Fe

Porcje: 2

Czas gotowania: 15 minut

## Składniki:

1 łyżka. Oliwa z oliwek

2 piersi z kurczaka, pokrojone w plasterki

1 cebula, mała, pokrojona w kostkę

2 ząbki czosnku, posiekane 1 sztuka cukinii, pokrojonej w kostkę ½ szklanki startej marchewki

1 łyżeczka wędzonej papryki 1 łyżeczka mielonego kminku

½ łyżeczki chili w proszku

2 łyżki stołowe. świeży sok z limonki

szklanka świeżej kolendry

Brązowy ryż lub komosa ryżowa tuż przed podaniem

## *Wskazówki:*

1. Smażyć kurczaka na oliwie z oliwek przez około 3 minuty, aż kurczak się zarumieni. Odłożyć.

2. Użyj tego samego woka i dodaj cebulę i czosnek.

3. Gotuj, aż cebula będzie miękka.

4. Dodaj marchewkę i cukinię.

5. Wymieszaj mieszaninę i kontynuuj gotowanie przez około minutę.

6. Do mieszanki dodać wszystkie przyprawy i smażyć jeszcze przez minutę.

7. Włóż kurczaka z powrotem do woka i wlej sok z limonki.

8. Mieszaj i gotuj, aż wszystko będzie ugotowane.

9. Przed podaniem połóż mieszankę na ugotowanym ryżu lub komosie ryżowej i udekoruj świeżo posiekaną kolendrą.

Informacje żywieniowe:Kalorie: 191 Tłuszcz: 5,3 g Białko: 11,9 g Węglowodany: 26,3 g Błonnik: 2,5 g

# Tilapia Tacos z wyśmienitą sałatką imbirowo-sezamową

Porcje: 4

Czas gotowania: 5 godzin

## Składniki:

1 łyżeczka świeżego imbiru, startego

Sól i świeżo zmielony czarny pieprz do smaku 1 łyżeczka stewii

1 łyżka sosu sojowego

1 łyżka oliwy z oliwek

1 łyżka soku z cytryny

1 łyżka jogurtu naturalnego

1,5 kg filetów z tilapii

1 szklanka mieszanki sałatki coleslaw

## Wskazówki:

1. Włącz garnek Instant Pot, dodaj do niego wszystkie składniki z wyjątkiem filetów tilapii i mieszanki sałatki coleslaw i mieszaj, aż dobrze się połączą.

2. Następnie dodać filety, wymieszać do całkowitego pokrycia, zamknąć pokrywką, docisnąć

przycisk „wolne gotowanie" i gotuj przez 5 godzin, obracając filety w połowie gotowania.

3. Po zakończeniu przełóż filety na talerz i pozostaw do całkowitego ostygnięcia.

4. Aby przygotować posiłek, podziel mieszankę sałatkową pomiędzy cztery hermetyczne pojemniki, dodaj tilapię i wstaw do lodówki na maksymalnie trzy dni.

5. Gdy tilapia będzie gotowa do spożycia, podgrzej ją w kuchence mikrofalowej, aż będzie gorąca, a następnie podawaj z sałatką coleslaw.

Informacje żywieniowe:Kalorie 278, tłuszcz ogółem 7,4 g, węglowodany ogółem 18,6 g, białko 35,9 g, cukier 1,2 g, błonnik 8,2 g, sód 194 mg

## *Gulasz curry z soczewicy Porcje: 4*

Czas gotowania: 15 minut

## *Składniki:*

1 łyżka oliwy z oliwek

1 cebula, posiekana

2 ząbki czosnku, posiekane

1 łyżka organicznej przyprawy curry

4 szklanki organicznego bulionu warzywnego o niskiej zawartości sodu 1 szklanka czerwonej soczewicy

2 szklanki ugotowanej dyni piżmowej

1 szklanka jarmużu

1 łyżeczka kurkumy

Sól morska do smaku

## *Wskazówki:*

1. W dużym rondlu na średnim ogniu podsmaż oliwę z cebulą i czosnkiem, dodaj. Brązuj przez 3 minuty.

2. Dodaj organiczną przyprawę curry, bulion warzywny i soczewicę, zagotuj. Gotuj przez 10 minut.

3. Wymieszaj ugotowaną dynię piżmową i jarmuż.

4. Dodaj kurkumę i sól morską do smaku.

5. Podawać gorące.

Informacje żywieniowe:Węglowodany ogółem 41 g Błonnik pokarmowy: 13 g Białko: 16 g Tłuszcze ogółem: 4 g Kalorie: 252

## *Sałatka Cezar z jarmużem i wrapem z grillowanym kurczakiem Porcje: 2*

Czas gotowania: 20 minut

## Składniki:

6 szklanek jarmużu pokrojonego na małe kawałki ½ zapiekanki jajecznej; gotowany

8 uncji grillowanego kurczaka, pokrojonego w cienkie plasterki

½ łyżeczki musztardy Dijon

¾ szklanki parmezanu, drobno startego

zmielony czarny pieprz

Sól koszerna

1 ząbek czosnku, posiekany

1 szklanka pomidorków koktajlowych, pokrojonych na ćwiartki

1/8 szklanki soku z cytryny, świeżo wyciśniętego

2 duże tortille lub dwa podpłomyki Lavash

1 łyżeczka agawy lub miodu

1/8 szklanki oliwy z oliwek

## *Wskazówki:*

1. W dużej misce wymieszaj połowę zapiekanki jajecznej z musztardą, przeciśniętym przez praskę czosnkiem, miodem, oliwą i sokiem z cytryny. Ubijaj, aż uzyskasz gładki winegret. Doprawiamy pieprzem i solą do smaku.

2. Dodaj pomidorki koktajlowe, kurczaka i jarmuż; delikatnie mieszaj, aż pokryje się sosem, następnie dodaj ¼ szklanki parmezanu.

3. Rozłóż podpłomyki i równomiernie rozłóż przygotowaną sałatkę na wrapach; posyp każdą porcją około ¼ szklanki parmezanu.

4. Zwiń wrapy i przekrój je na pół. Podawaj natychmiast i ciesz się smakiem.

Informacje żywieniowe:kcal 511 Tłuszcz: 29 g Błonnik: 2,8 g Białko: 50 g

## Porcje sałatki ze szpinakiem: 1

Czas gotowania: 5 minut

## Składniki:

1 szklanka świeżego szpinaku

¼ szklanki czarnej fasoli z puszki

½ szklanki ciecierzycy konserwowej

½ szklanki grzybów cremini

2 łyżki organicznego winegretu balsamicznego 1 łyżka oliwy z oliwek

## Wskazówki:

1. Gotuj grzyby cremini z oliwą z oliwek na małym lub średnim ogniu przez 5 minut, aż lekko się zarumienią.

2. Złóż sałatkę, wykładając na talerz świeży szpinak i polewając fasolą, grzybami i sosem balsamicznym.

Informacje żywieniowe:Węglowodany ogółem 26 g Błonnik pokarmowy: 8 g Białko: 9 g Tłuszcze ogółem: 15 g Kalorie: 274

## Łosoś w panierce z orzechami i rozmarynem

## Porcje: 6

Czas gotowania: 20 minut

## Składniki:

1 zmielony ząbek czosnku

1 łyżka musztardy Dijon

¼ łyżki skórki cytrynowej

1 łyżka soku z cytryny

1 łyżka świeżego rozmarynu

1/2 łyżki miodu

Oliwa z oliwek

Świeża pietruszka

3 łyżki posiekanych orzechów włoskich

1 funt łososia bez skóry

1 łyżka świeżo zmielonej czerwonej papryki

Sól pieprz

Kawałki cytryny do dekoracji

3 łyżki bułki tartej panko

1 łyżka oliwy z oliwek z pierwszego tłoczenia

## *Wskazówki:*

1. Rozłóż blachę do pieczenia w piekarniku i rozgrzej go do 240°C.

2. W misce wymieszaj pastę musztardową, czosnek, sól, oliwę, miód, sok z cytryny, pokruszone czerwone chilli, rozmaryn, miód ropny.

3. Wymieszaj panko, orzechy i olej, a następnie rozłóż cienki plaster ryby na blasze do pieczenia. Spryskaj także obie strony ryby oliwą z oliwek.

4. Połóż mieszankę orzechową na łososiu, a na wierzch mieszankę musztardową.

5. Gotuj łososia przez prawie 12 minut. Udekoruj świeżą natką pietruszki i cząstkami cytryny i podawaj na gorąco.

Informacje żywieniowe:Kalorie 227 Węglowodany: 0 g Tłuszcz: 12 g Białko: 29 g

# Pieczone Słodkie Ziemniaki Z Czerwonym Sosem Tahini Porcje: 4

Czas gotowania: 30 minut

## Składniki:

15 uncji ciecierzycy konserwowej

4 średniej wielkości słodkie ziemniaki

½ łyżki oliwy z oliwek

1 szczypta soli

1 łyżka soku z limonki

1/2 łyżki kminku, kolendry i papryki w proszku Do sosu czosnkowo-ziołowego

¼ szklanki sosu tahini

½ łyżki soku z limonki

3 ząbki czosnku

Sól dla smaku

## *Wskazówki:*

1. Rozgrzej piekarnik do 204°C. Ciecierzycę obtoczyć w soli, przyprawach i oliwie z oliwek. Rozłóż je na folii aluminiowej.

2. Posmaruj krążki słodkich ziemniaków olejem, połóż je na marynowanej fasoli i upiecz.

3. Na sos wymieszaj w misce wszystkie składniki. Dodaj do niego trochę wody, ale utrzymuj gęstą konsystencję.

4. Po 25 minutach wyjmij słodkie ziemniaki z piekarnika.

5. Sałatkę z ciecierzycy posyp pieczonymi słodkimi ziemniakami z pikantnym sosem czosnkowym.

<u>Informacje żywieniowe:</u>Kalorie 90 Węglowodany: 20 g Tłuszcz: 0 g Białko: 2 g

## Porcje włoskiej letniej zupy dyniowej: 4

Czas gotowania: 15 minut

## Składniki:

3 łyżki oliwy z oliwek z pierwszego tłoczenia

1 mała czerwona cebula, pokrojona w cienkie plasterki

1 ząbek czosnku, posiekany

1 szklanka startej cukinii

1 szklanka startej żółtej dyni

½ szklanki startej marchewki

3 szklanki bulionu warzywnego

1 łyżeczka soli

2 łyżki drobno posiekanej świeżej bazylii

1 łyżka drobno posiekanego świeżego szczypiorku

2 łyżki orzeszków piniowych

## *Wskazówki:*

1. W dużym rondlu rozgrzej olej na dużym ogniu.

2. Dodaj cebulę i czosnek i smaż, aż zmiękną, od 5 do 7 minut.

3. Dodaj cukinię, żółtą dynię i marchewkę i smaż, aż zmiękną, 1 do 2 minut.

4. Dodać bulion i sól i doprowadzić do wrzenia. Dusić przez 1-2 minuty.

5. Wymieszaj bazylię i szczypiorek i podawaj posypane orzeszkami piniowymi.

<u>Informacje żywieniowe:</u>Kalorie 172 Tłuszcz całkowity: 15 g Węglowodany ogółem: 6 g Cukier: 3 g Błonnik: 2 g Białko: 5 g Sód: 1170 mg

## Porcje zupy szafranowo-łososiowej: 4

Czas gotowania: 20 minut

## Składniki:

¼ szklanki oliwy z oliwek z pierwszego tłoczenia

2 pory, tylko białe części, pokrojone w cienkie plasterki

2 średnie marchewki, pokrojone w cienkie plasterki

2 ząbki czosnku, pokrojone w cienkie plasterki

4 szklanki bulionu warzywnego

1 funt filetów z łososia bez skóry, pokrojonych na 1-calowe kawałki 1 łyżeczka soli

¼ łyżeczki świeżo zmielonego czarnego pieprzu

¼ łyżeczki nitek szafranu

2 szklanki szpinaku baby

½ szklanki wytrawnego białego wina

2 łyżki posiekanej zielonej cebuli, białej i zielonej części 2 łyżki drobno posiekanej świeżej natki pietruszki płaskolistnejWskazówki:

1. Rozgrzej olej w dużym rondlu na dużym ogniu.

2. Dodaj pory, marchewkę i czosnek i smaż, aż zmiękną (5–7).

minuty.

3. Włóż bulion i zagotuj.

4. Pozostawić na wolnym ogniu i dodać łososia, sól, pieprz i szafran. Gotuj, aż łosoś będzie ugotowany, około 8 minut.

5. Dodaj szpinak, wino, zieloną cebulę i natkę pietruszki i gotuj, aż szpinak zwiędnie (1–2 minuty) i podawaj.

Informacje żywieniowe:Kalorie 418 Tłuszcz całkowity: 26 g Węglowodany ogółem: 13 g Cukier: 4 g Błonnik: 2 g Białko: 29 g Sód: 1455 mg

# Słodko-kwaśna zupa krewetkowo-grzybowa o tajskim smaku

Porcje: 6

Czas gotowania: 38 minut

## Składniki:

3 łyżki niesolonego masła

1 funt krewetek, obranych i oczyszczonych

2 łyżeczki mielonego czosnku

1-calowy korzeń imbiru, obrany

1 średnia cebula, pokrojona w kostkę

1 czerwona tajska papryczka chili, posiekana

1 łodyga trawy cytrynowej

½ łyżeczki świeżej skórki z limonki

Sól i świeżo zmielony czarny pieprz do smaku 5 szklanek bulionu z kurczaka

1 łyżka oleju kokosowego

½ funta grzybów cremini, pokrojonych w ćwiartki

1 mała zielona cukinia

2 łyżki świeżego soku z limonki

2 łyżki sosu rybnego

¼ pęczka świeżej tajskiej bazylii, posiekanej

¼ pęczka świeżej kolendry, posiekanej

## Wskazówki:

1. Weź duży rondel, postaw go na średnim ogniu, dodaj masło, gdy się rozpuści, dodaj krewetki, czosnek, imbir, cebulę, papryczki chili, trawę cytrynową i skórkę z limonki, dopraw solą i czarnym pieprzem i smaż przez 3 minuty.

2. Wlać bulion, gotować na wolnym ogniu przez 30 minut, następnie odcedzić.

3. Rozgrzej dużą patelnię na średnim ogniu, dodaj olej, gdy będzie gorący, dodaj grzyby i cukinię, dopraw jeszcze solą i czarnym pieprzem i smaż przez 3 minuty.

4. Dodaj mieszaninę krewetek na patelnię, gotuj na wolnym ogniu przez 2 minuty, skrop sokiem z limonki i sosem rybnym i gotuj 1 minutę.

5. Posmakuj, aby dostosować przyprawę, następnie zdejmij patelnię z ognia, udekoruj kolendrą i bazylią i podawaj.

Informacje żywieniowe:Kalorie 223, tłuszcz ogółem 10,2 g, węglowodany ogółem 8,7 g, białko 23 g, cukier 3,6 g, sód 1128 mg

## Orzo z suszonymi pomidorami Składniki:

1 funt piersi z kurczaka bez kości i skóry, pokrojonych na kawałki o wielkości 3/4 cala

1 łyżka + 1 łyżka oliwy z oliwek

Sól i mielony czarny pieprz

2 ząbki czosnku, posiekane

1/4 szklanki (8 uncji) suchego makaronu orzo

2 3/4 szklanki bulionu z kurczaka o niskiej zawartości sodu, na tym etapie bardziej urozmaiconego (nie używaj zwykłych soków, będzie za słony) 1/3 szklanki nadziewanych olejem kawałków suszonych pomidorów i ziół (około 12 części. Wstrząśnij trochę oleju), drobno posiekanego w robocie kuchennym

1/2 - 3/4 szklanki drobno posiekanego parmezanu cheddar, do smaku 1/3 szklanki posiekanej chrupiącej bazylii

## Wskazówki:

1. Rozgrzej 1 łyżkę oliwy z oliwek na patelni na średnim ogniu.

2. Gdy będzie już błyszczący, dodaj kurczaka, delikatnie dopraw solą i pieprzem i smaż, aż będzie błyszczący, około 3 minut, po czym obróć na

odwrócone strony i smaż, aż kolor będzie błyszczący i ugotowany, około 3 minuty. Przenieś kurczaka na talerz, przykryj folią, aby utrzymać ciepło.

3. Dodaj 1 łyżeczkę oliwy z oliwek, aby podsmażyć potrawę, dodaj czosnek i smaż przez 20 sekund lub do momentu, aż będzie lekko lśniący, następnie wlej sos z kurczaka, zdrapując ugotowane kawałki z dna patelni.

4. W tym momencie podgrzać bulion razem z makaronem orzo do wrzenia, zmniejszyć ogień do średniej patelni z pokrywką i pozostawić do delikatnego bulgotania przez 5 minut, odsłonić, wymieszać i dalej bulgotać, aż orzo się rozpuści delikatne, około 5 minut dłużej, od czasu do czasu mieszając (nie stresuj się, jeśli zostało jeszcze trochę soku, nada mu lekko posmaku).

5. Gdy makaron się ugotuje, wrzuć kurczaka do orzo i zdejmij z ognia. Dodaj parmezan cheddar i mieszaj aż do rozpuszczenia, w tym momencie dodaj suszone pomidory, bazylię i przyprawy

z pieprzem (nie powinnaś potrzebować soli, ale dodaj trochę, jeśli uznasz, że będzie potrzebna).

6. W razie potrzeby dodaj więcej soku do rozrzedzenia (w czasie odpoczynku makaron wchłonie nadmiar płynu, a ja lubiłem go z niewielką ilością nadmiaru, więc dodałem trochę więcej). Podawać na gorąco.

## *Porcje zupy grzybowo-buraczanej: 4*

Czas gotowania: 40 minut

## Składniki:

2 łyżki oliwy z oliwek

1 żółta cebula, posiekana

2 buraki, obrane i pokrojone w dużą kostkę

1 funt białych grzybów, pokrojonych w plasterki

2 ząbki czosnku, posiekane

1 łyżka koncentratu pomidorowego

5 szklanek bulionu warzywnego

1 łyżka posiekanej natki pietruszki

## Wskazówki:

1. Rozgrzej patelnię z oliwą na średnim ogniu, dodaj cebulę i czosnek i smaż przez 5 minut.

2. Dodać grzyby, wymieszać i smażyć jeszcze 5 minut.

3. Dodać buraki i pozostałe składniki, doprowadzić do wrzenia i gotować na średnim ogniu przez kolejne 30 minut, od czasu do czasu mieszając.

4. Rozlej zupę do misek i podawaj.

<u>Informacje żywieniowe:</u> kalorie 300, tłuszcze 5, błonnik 9, węglowodany 8, białko 7

## Pulpety Z Kurczaka Parmezanem Składniki:

2 funty mielonego kurczaka

3/4 szklanki bezglutenowej bułki tartej Panko będzie pasować do 1/4 szklanki drobno posiekanej cebuli

2 łyżki posiekanej natki pietruszki

2 posiekane ząbki czosnku

skład 1 mała cytryna ok. 1 łyżeczka 2 jajka

3/4 szklanki pokruszonego sera Pecorino Romano lub parmezanu 1 łyżeczka prawdziwej soli

1/2 łyżeczki chrupiącego, mielonego czarnego pieprzu

1 litr pięciominutowego sosu marinara

4 do 6 uncji mozzarelli, pokrojonej na małe kawałki

## Wskazówki:

1. Rozgrzej kuchenkę do 400 stopni, umieszczając stojak w górnej jednej trzeciej części grilla. W dużej misce wymieszaj wszystko oprócz marinary i mozzarelli. Delikatnie wymieszaj rękoma lub dużą łyżką. Łyżką i uformuj małe klopsiki i ułóż je na wyłożonej folią patelni. Ułóż klopsiki obok siebie na

talerzu, tak aby się trzymały. Na każdy klopsik nałóż około pół łyżki sosu. Podgrzewaj przez 15 minut.

2. Wyjmij klopsiki z pieca i zwiększ temperaturę grilla, aby je ugotować. Na każdy klopsik nałóż dodatkową pół łyżki sosu i połóż na nim mały kwadrat mozzarelli. (Jasne kawałki kroję na kawałki o wielkości około 1 cala). Grilluj dodatkowe 3 minuty, aż ser cheddar zmięknie i stanie się błyszczący. Podawaj z dodatkowym sosem. Smacznego!

## Pulpety Alla Parmigiana Składniki:

Do klopsików

1,5 funta mielonego hamburgera (80/20)

2 łyżki posiekanej chrupiącej natki pietruszki

3/4 szklanki mielonego parmezanu Cheddar

1/2 szklanki mąki migdałowej

2 jajka

1 łyżeczka soli

1/4 łyżeczki mielonego czarnego pieprzu

1/4 łyżeczki czosnku w proszku

1 łyżeczka suszonych kropli cebuli

1/4 łyżeczki suszonego oregano

1/2 szklanki letniej wody

Do parmezanu

1 szklanka prostego sosu keto marinara (lub dowolnej lokalnie dostępnej marinary bez cukru)

4 uncje mozzarelli z serem Cheddar

## Wskazówki:

1. Do dużej miski włóż wszystkie klopsiki i dobrze wymieszaj.

2. Uformuj piętnaście 2-calowych kulek.

3. Parzyć w temperaturze 350 stopni (F) przez 20 minut LUB smażyć na dużej patelni na średnim ogniu, aż będzie ugotowana. Wskazówka – spróbuj usmażyć na oleju z bekonu, jeśli go masz – dodaje to kolejnego poziomu smaku. Fricasseeing pozwala uzyskać wspaniałe ciemne odcienie widoczne na powyższych zdjęciach.

4. W przypadku Parmigiany:

5. Umieść ugotowane klopsiki w naczyniu do pieczenia.

6. Na każdy klopsik wlać ok. 1 łyżkę sosu.

7. Posmaruj każdą porcją około 1/4 uncji sera mozzarella cheddar.

8. Parzyć w temperaturze 350 stopni (F) przez 20 minut (40 minut, jeśli klopsiki stwardnieją) lub do momentu, aż się rozgrzeje i ser cheddar stanie się błyszczący.

9. Upiększaj młodą pietruszką, kiedy tylko chcesz.

# Talerz z piersią indyka ze złotymi warzywami

Porcje: 4

Czas gotowania: 45 minut

## Składniki:

2 łyżki niesolonego masła o temperaturze pokojowej 1 średnia dynia żołędziowa, pozbawiona nasion i pokrojona w cienkie plasterki 2 duże złote buraki, obrane i pokrojone w cienkie plasterki ½ średniej żółtej cebuli, pokrojonej w cienkie plasterki

½ piersi indyka ze skórą bez kości (1 do 2 funtów) 2 łyżki miodu

1 łyżeczka soli

1 łyżeczka kurkumy

¼ łyżeczki świeżo zmielonego czarnego pieprzu

1 szklanka bulionu z kurczaka lub bulionu warzywnego

## Wskazówki:

1. Rozgrzej piekarnik do 200°F. Nasmaruj blachę do pieczenia masłem.

2. Ułóż dynię, buraki i cebulę w jednej warstwie na blasze do pieczenia. Połóż indyka skórą do góry. Skropić miodem.

Doprawiamy solą, kurkumą i pieprzem, dodajemy bulion.

3. Piec, aż indyk osiągnie temperaturę 165°F w środku za pomocą termometru do natychmiastowego odczytu, od 35 do 45 minut. Wyjmij i odstaw na 5 minut.

4. Pokrój i podawaj.

Informacje żywieniowe:Kalorie 383 Tłuszcze ogółem: 15 g Węglowodany ogółem: 25 g Cukier: 13 g Błonnik: 3 g Białko: 37 g Sód: 748 mg

## Zielone curry z kokosem i gotowanym ryżem

## Porcje: 8

Czas gotowania: 20 minut

## Składniki:

2 łyżki oliwy z oliwek

12 uncji tofu

2 średnie słodkie ziemniaki (pokrojone w kostkę)

Sól dla smaku

314 uncji mleka kokosowego

4 łyżki zielonej pasty curry

3 szklanki różyczek brokułów

## Wskazówki:

1. Usuń nadmiar wody z tofu i smaż na średnim ogniu. Dodaj sól i smaż przez 12 minut.

2. Zagotuj mleko kokosowe, zieloną pastę curry i słodkie ziemniaki na średnim ogniu i gotuj na wolnym ogniu przez 5 minut.

3. Teraz dodaj brokuły i tofu i gotuj przez prawie 5 minut, aż brokuły zmienią kolor.

4. Podawaj kokosowo-zielone curry z garścią gotowanego ryżu i dużą ilością rodzynek.

Informacje żywieniowe:Kalorie 170 Węglowodany: 34 g Tłuszcz: 2 g Białko: 3 g

## Zupa ze słodkich ziemniaków i kurczaka z soczewicą Porcje: 6

Czas gotowania: 35 minut

## Składniki:

10 łodyg selera

1 kurczak domowy lub pieczony

2 średnie słodkie ziemniaki

5 uncji francuskiej soczewicy

2 łyżki świeżego soku z limonki

½ główki escaroli wielkości kęsa

6 ząbków czosnku, posiekanych

½ szklanki koperku (drobno posiekać)

1 łyżka soli koszernej

2 łyżki oliwy z pierwszego tłoczenia

## *Wskazówki:*

1. Dodaj sól, tuszę kurczaka, soczewicę i słodkie ziemniaki do 8 uncji wody i zagotuj na dużym ogniu.

2. Gotuj te produkty prawie przez 10-12 minut i usuń pianę, która się na nich utworzyła.

3. Czosnek i seler smaż na oliwie przez prawie 10 minut, aż będą miękkie

i jasnobrązowy, następnie dodaj posiekanego pieczonego kurczaka.

4. Dodaj tę mieszaninę do zupy escarole i mieszaj ciągle przez 5

minut na średnim ogniu.

5. Dodaj sok z cytryny i wymieszaj z koperkiem. Zupę podawaj gorącą, doprawioną solą.

<u>Informacje żywieniowe:</u>Kalorie 310 Węglowodany: 45 g Tłuszcz: 11 g Białko: 13 g

## Porcje ryżu z krewetkami i masłem cytrynowym: 3

Czas gotowania: 10 minut

## Składniki:

¼ szklanki ugotowanego dzikiego ryżu

½ łyżeczki Masło podzielić

vs. Oliwa z oliwek

1 szklanka surowych krewetek, obranych, oczyszczonych i odsączonych ¼ szklanki mrożonego groszku, rozmrożonego, opłukanego i odsączonego

1 łyżka. sok z cytryny, świeżo wyciśnięty

1 łyżka. szczypiorek, mielony

Szczypta soli morskiej do smaku

## Wskazówki:

1. Wlać ¼ łyżeczki. Umieść masło i olej w woku ustawionym na średnim ogniu. Dodaj krewetki i groszek. Smażyć, aż krewetki będą koralowo różowe, około 5-7

minuty.

2. Dodaj dziki ryż i gotuj, aż się rozgrzeje – dopraw solą i masłem.

3. Przełożyć na talerz. Posyp szczypiorkiem i sokiem z cytryny na wierzchu.

Podawać.

Informacje żywieniowe:Kalorie 510 Węglowodany: 0 g Tłuszcz: 0 g Białko: 0 g

# Pieczone Krewetki Limonkowe Z Cukinią I Kukurydzą Porcje: 4

Czas gotowania: 20 minut

## Składniki:

1 łyżka oliwy z oliwek z pierwszego tłoczenia

2 małe cukinie, pokrojone w 1-calową kostkę

1 szklanka mrożonych ziaren kukurydzy

2 zielone cebule, pokrojone w cienkie plasterki

1 łyżeczka soli

½ łyżeczki mielonego kminku

½ łyżeczki chili w proszku chipotle

1 funt obranych krewetek, rozmrożonych w razie potrzeby

1 łyżka drobno posiekanej świeżej kolendry

Skórka i sok z 1 limonki

## Wskazówki:

1. Rozgrzej piekarnik do 200°F. Nasmaruj blachę do pieczenia olejem.

2. Na blasze do pieczenia połącz cukinię, kukurydzę, dymkę, sól, kminek i chili w proszku i dobrze wymieszaj. Ułożyć w jednej warstwie.

3. Dodaj krewetki na wierzch. Piec w ciągu 15 do 20 minut.

4. Dodać kolendrę, skórkę i sok z limonki, wymieszać i podawać.

Informacje żywieniowe:Kalorie 184 Tłuszcz całkowity: 5 g Węglowodany ogółem: 11 g Cukier: 3 g Błonnik: 2 g Białko: 26 g Sód: 846 mg

## *Zupa kalafiorowa Porcje: 10*

Czas gotowania: 10 minut

## Składniki:

kubek wody

2 łyżeczki oliwy z oliwek

1 cebula, pokrojona w kostkę

1 główka kalafiora, tylko różyczki

1 puszka pełnego mleka kokosowego

1 łyżeczka kurkumy

1 łyżeczka imbiru

1 łyżeczka surowego miodu

## Wskazówki:

1. Wszystkie składniki umieścić w dużym garnku i gotować około 10 minut minuty.

2. Za pomocą blendera zanurzeniowego wymieszaj i wygładź zupę.

Podawać.

Informacje żywieniowe: Całkowita liczba węglowodanów: 7 g Błonnik pokarmowy: 2 g Węglowodany netto: Białko: 2 g Całkowita zawartość tłuszczu: 11 g Kalorie: 129

## Burger ze słodkich ziemniaków i czarnej fasoli

## Porcje: 6

Czas gotowania: 10 minut

## Składniki:

1/2 jalapeno, pozbawionego nasion i pokrojonego w kostkę

1/2 szklanki komosy ryżowej

6 bułek do hamburgerów pełnoziarnistych

1 puszka czarnej fasoli, opłukana i odsączona

Oliwa z oliwek/olej kokosowy do gotowania

1 słodki ziemniak

1/2 szklanki czerwonej cebuli, pokrojonej w kostkę

4 łyżki bezglutenowej mąki owsianej

2 ząbki czosnku, posiekane

2 łyżeczki ostrej przyprawy Cajun

1/2 szklanki posiekanej kolendry

1 łyżeczka kminku

Kapusta

Sól dla smaku

pieprz do smaku

Do kremu:

2 łyżki posiekanej kolendry

1/2 dojrzałego awokado, pokrojonego w kostkę

4 łyżki niskotłuszczowej kwaśnej śmietany/zwykłego jogurtu greckiego 1 łyżeczka soku z limonki

## *Wskazówki:*

1. Opłucz komosę ryżową pod zimną bieżącą wodą. Do rondelka wlej szklankę wody i podgrzej ją. Dodaj quinoę i zagotuj.

2. Przykryj, następnie gotuj na małym ogniu, aż cała woda zostanie wchłonięta, około 15 minut.

3. Wyłącz ogień i rozgnieć quinoę widelcem. Następnie przełóż quinoę do miski i pozostaw do ostygnięcia na 5-10 minut.

4. Nakłuj ziemniaka widelcem i włóż do mikrofalówki na kilka minut, aż będzie ugotowany i miękki. Po ugotowaniu obierz ziemniaka i pozostaw do ostygnięcia.

5. Dodaj pieczone ziemniaki do robota kuchennego wraz z 1 puszką czarnej fasoli, ½ szklanki posiekanej kolendry, 2 łyżeczkami przyprawy Cajun, ½ szklanka pokrojonej w kostkę cebuli, 1 łyżeczka kminku i 2 posiekane ząbki czosnku.

Pulsować aż do uzyskania jednorodnej mieszaniny. Przełóż do miski i dodaj ugotowaną komosę ryżową.

6. Dodaj płatki owsiane/otręby owsiane. Dokładnie wymieszaj i uformuj 6 kotletów. Ułóż kotlety na blasze do pieczenia i wstaw do lodówki na około pół godziny.

7. Dodaj wszystkie składniki Cremy do robota kuchennego. Pulsuj, aż będzie gładkie. Doprawić solą do smaku i przechowywać w lodówce.

8. Nasmaruj patelnię olejem i rozgrzej ją na średnim ogniu.

Smaż każdą stronę paszteciків, aż będą lekko rumiane, zaledwie 3-4 minuty.

Podawać ze śmietaną, ptysiami, bułeczkami i dowolnymi ulubionymi dodatkami.

Informacje żywieniowe: 206 kalorii 6 g tłuszczu 33,9 g węglowodanów ogółem 7,9 g białka

## Zupa Kokosowo-Grzybowa Porcje: 3

Czas gotowania: 10 minut

## Składniki:

1 łyżka oleju kokosowego

1 łyżka mielonego imbiru

1 szklanka posiekanych grzybów cremini

½ łyżeczki kurkumy

2 i ½ szklanki wody

½ szklanki mleka kokosowego z puszki

Sól morska do smaku

## Wskazówki:

1. Rozgrzej olej kokosowy na średnim ogniu w dużym rondlu i dodaj grzyby. Gotuj przez 3-4 minuty.

2. Włóż pozostałe mocowania i zagotuj. Gotuj na wolnym ogniu przez 5 minut.

3. Rozłóż pomiędzy trzema miskami zupy i ciesz się smakiem!

Informacje żywieniowe: Węglowodany ogółem 4 g Błonnik pokarmowy: 1 g Białko: 2 g Tłuszcz ogółem: 14 g Kalorie: 143

# Sałatka owocowa w stylu zimowym Porcje: 6

Czas gotowania: 0 minut

## Składniki:

4 ugotowane słodkie ziemniaki, pokrojone w kostkę (1-calowa kostka) 3 gruszki, pokrojone w kostkę (1-calowa kostka)

1 szklanka winogron, przekrojonych na pół

1 jabłko pokrojone w kostkę

½ szklanki połówek orzechów pekan

2 łyżki oliwy z oliwek

1 łyżka octu z czerwonego wina

2 łyżki surowego miodu

## Wskazówki:

1. Zmieszaj oliwę z oliwek, ocet z czerwonego wina, a następnie surowy miód, aby przygotować winegret i odłóż na bok.

2. Wymieszaj połówki pokrojonych owoców, słodkich ziemniaków i orzechów pekan i rozdziel je do sześciu misek. Każdą miskę skrop sosem winegret.

Informacje żywieniowe:Węglowodany ogółem 40 g Błonnik pokarmowy: 6 g Białko: 3 g Tłuszcze ogółem: 11 g Kalorie: 251

## Udka z kurczaka pieczone w miodzie z marchewką Porcje: 4

Czas gotowania: 50 minut

## Składniki:

2 łyżki niesolonego masła, w temperaturze pokojowej 3 duże marchewki, pokrojone w cienkie plasterki

2 ząbki czosnku, posiekane

4 udka z kurczaka z kością i skórą

1 łyżeczka soli

½ łyżeczki suszonego rozmarynu

¼ łyżeczki świeżo zmielonego czarnego pieprzu

2 łyżki miodu

1 szklanka bulionu z kurczaka lub bulionu warzywnego

Kawałki cytryny do podania

## Wskazówki:

1. Rozgrzej piekarnik do 200°F. Nasmaruj blachę do pieczenia masłem.

2. Ułóż marchewkę i czosnek w jednej warstwie na blasze do pieczenia.

3. Połóż kurczaka skórą do góry na warzywach i dopraw solą, rozmarynem i pieprzem.

4. Na wierzch połóż miód i dodaj bulion.

5. Piec w ciągu 40 do 45 minut. Wyjmij i odstaw na 5 minut i podawać z cząstkami cytryny.

Informacje żywieniowe:Kalorie 428 Tłuszcz całkowity: 28 g Węglowodany ogółem: 15 g Cukier: 11 g Błonnik: 2 g Białko: 30 g Sód: 732 mg

## Indyk Chili Porcje: 8

Czas gotowania: 4 godziny i 10 minut

## Składniki:

1 funt mielonego indyka, najlepiej w 99% chudego

2 puszki fasoli, opłukane i odsączone (15 uncji każda) 1 czerwona papryka, posiekana

2 puszki sosu pomidorowego (15 uncji każda)

1 słoik pokrojonych w plasterki oswojonych papryczek jalapeno, odsączonych (16 uncji) 2 puszki małych pomidorów, pokrojonych w kostkę (po 15 uncji) 1 łyżka kminku

1 żółta papryka, grubo posiekana

2 puszki czarnej fasoli, najlepiej opłukanej i odsączonej (po 15 uncji każda) 1 szklanka kukurydzy, zamrożona

2 łyżki chili w proszku

1 łyżka oliwy z oliwek

Czarny pieprz i sól do smaku

1 średnia cebula, pokrojona w kostkę

Zielona cebula, awokado, tarty ser, jogurt grecki/śmietana, do dekoracji, opcjonalnie

## *Wskazówki:*

1. Rozgrzej olej na dużej patelni, aż będzie gorący. Gdy już to zrobisz, ostrożnie umieść indyka na gorącej patelni i smaż, aż się zrumieni. Wlej indyka na dno wolnowaru, najlepiej 6 litrów.

2. Dodaj papryczki jalapeno, kukurydzę, paprykę, cebulę, pokrojone w kostkę pomidory, sos pomidorowy, fasolę, kminek i chili w proszku. Mieszamy, następnie doprawiamy pieprzem i solą do smaku.

3. Przykryj i gotuj przez 6 godzin na małym ogniu lub 4 godziny na dużym ogniu.

Podawaj z opcjonalnymi dodatkami i ciesz się smakiem.

Informacje żywieniowe:kcal 455 Tłuszcz: 9 g Błonnik: 19 g Białko: 38 g

## Pikantna zupa z soczewicy Porcje: 5

Czas gotowania: 25 minut

## Składniki:

1 szklanka żółtej cebuli (pokrojonej w kostkę)

1 szklanka marchewki (pokrojonej w kostkę)

1 szklanka rzepy

2 łyżki oliwy z oliwek z pierwszego tłoczenia

2 łyżki octu balsamicznego

4 szklanki szpinaku baby

2 szklanki brązowej soczewicy

Filiżanka świeżej pietruszki

## Wskazówki:

1. Rozgrzej szybkowar na średnim ogniu, dodaj oliwę z oliwek i warzywa.

2. Po 5 minutach na patelnię dodać bulion, soczewicę, sól i dusić przez 15 minut.

3. Zdejmij pokrywkę, dodaj szpinak i ocet.

4. Mieszaj zupę przez 5 minut i wyłącz ogrzewanie.

5. Udekoruj świeżą pietruszką.

Informacje żywieniowe:Kalorie 96 Węglowodany: 16 g Tłuszcz: 1 g Białko: 4 g

## Porcje kurczaka i warzyw czosnkowych: 4

Czas gotowania: 45 minut

## Składniki:

2 łyżeczki oliwy z oliwek z pierwszego tłoczenia

1 por, tylko biała część, pokrojony w cienkie plasterki

2 duże cukinie, pokrojone w ¼-calowe plasterki

4 piersi z kurczaka z kością i skórą

3 ząbki czosnku, posiekane

1 łyżeczka soli

1 łyżeczka suszonego oregano

¼ łyżeczki świeżo zmielonego czarnego pieprzu

½ szklanki białego wina

Sok z 1 cytryny

## Wskazówki:

1. Rozgrzej piekarnik do 200°F. Nasmaruj blachę do pieczenia olejem.

2. Połóż por i cukinię na blasze do pieczenia.

3. Ułożyć kurczaka skórą do góry, posypać czosnkiem, solą, oregano i pieprzem. Dodaj wino.

4. Piec w ciągu 35 do 40 minut. Wyjmij i odstaw na 5 minut.

5. Dodaj sok z cytryny i podawaj.

Informacje żywieniowe:Kalorie 315 Tłuszcze ogółem: 8 g Węglowodany ogółem: 12 g Cukier: 4 g Błonnik: 2 g Białko: 44 g Sód: 685 mg

## *Porcje sałatki z wędzonym łososiem: 4*

Czas gotowania: 20 minut

## *Składniki:*

2 małe bulwy kopru włoskiego, pokrojone w cienkie plasterki, zostawić kilka liści 1 łyżka małych solonych kaparów, opłukanych i odsączonych ½ szklanki jogurtu naturalnego

2 łyżki posiekanej natki pietruszki

1 łyżka soku z cytryny, świeżo wyciśniętego

2 łyżki świeżego szczypiorku, posiekanego

1 łyżka posiekanego świeżego estragonu

180 g wędzonego łososia w plasterkach, o niskiej zawartości soli

½ czerwonej cebuli, pokrojonej w cienkie plasterki

1 łyżeczka drobno startej skórki z cytryny

½ szklanki francuskiej zielonej soczewicy, opłukanej

60 g świeżego szpinaku baby

½ awokado, pokrojonego w plasterki

Szczypta cukru pudru

## *Wskazówki:*

1. Do dużego rondla z wodą wlać wodę i zagotować na umiarkowanym ogniu. Po ugotowaniu; gotować soczewicę do miękkości, 20 minut; dobrze odsączyć.

2. W międzyczasie rozgrzej wcześniej patelnię z węglem drzewnym na dużym ogniu.

Spryskaj plasterki kopru włoskiego odrobiną oleju i smaż do miękkości przez 2 sztuki

minut z każdej strony.

3. Zmiksuj szczypiorek, pietruszkę, jogurt, estragon, skórkę z cytryny i kapary w robocie kuchennym na gładką masę, następnie dopraw pieprzem do smaku.

4. Do dużej miski włóż cebulę z cukrem, sokiem i szczyptą soli. Pozostawić na kilka minut, a następnie odcedzić.

5. W dużej misce wymieszaj soczewicę z cebulą, koprem włoskim, awokado i szpinakiem. Podzielić równomiernie na talerze, a następnie ułożyć rybę. Posyp pozostałymi liśćmi kopru włoskiego i świeżą natką pietruszki. Skropić dressingiem z zielonej bogini. Cieszyć się.

Informacje żywieniowe:kcal 368 Tłuszcz: 14 g Błonnik: 8 g Białko: 20 g

# Sałatka z fasolą Shawarma Porcje: 2

Czas gotowania: 20 minut

## Składniki:

Aby przygotować sałatkę

20 chipsów pita

5 uncji sałaty wiosennej

10 pomidorków koktajlowych

¾ szklanki świeżej pietruszki

¼ szklanki czerwonej cebuli (posiekanej)

Dla ciecierzycy

1 łyżka oliwy z oliwek

1 Nagłówek - łyżka kminku i kurkumy

½ łyżki sproszkowanej papryki i kolendry 1 szczypta czarnego pieprzu

½ odrobiny soli koszernej

łyżeczka imbiru i cynamonu w proszku

Do przygotowania winegretu

3 ząbki czosnku

1 łyżka suszonego wiertła

1 łyżka soku z limonki

Woda

½ szklanki hummusu

## *Wskazówki:*

1. Włóż kratkę do już nagrzanego piekarnika (204C). Wymieszaj ciecierzycę ze wszystkimi przyprawami i ziołami.

2. Na blasze ułóż cienką warstwę ciecierzycy i piecz przez prawie 20 minut. Gotuj, aż fasola będzie złotobrązowa.

3. Aby przygotować dressing, w misce ubijamy wszystkie składniki i mieszamy. Stopniowo dodawaj wodę, aby uzyskać odpowiednią miękkość.

4. Wymieszaj wszystkie zioła i przyprawy, aby przygotować sałatkę.

5. Przed podaniem dodaj do sałatki chipsy pita i fasolkę i skrop sosem winegret.

<u>Informacje żywieniowe:</u>Kalorie 173 Węglowodany: 8 g Tłuszcz: 6 g Białko: 19 g

# Ryż smażony z ananasem Porcje: 4

Czas gotowania: 20 minut

## Składniki:

2 marchewki, obrane i starte

2 zielone cebule, pokrojone w plasterki

3 łyżki sosu sojowego

1/2 szklanki szynki, pokrojonej w kostkę

1 łyżka oleju sezamowego

2 szklanki ananasa z puszki/świeżego, pokrojonego w kostkę

1/2 łyżeczki sproszkowanego imbiru

3 szklanki brązowego ryżu, ugotowanego

1/4 łyżeczki białego pieprzu

2 łyżki oliwy z oliwek

1/2 szklanki mrożonego groszku

2 ząbki czosnku, posiekane

1/2 szklanki mrożonej kukurydzy

1 cebula, pokrojona w kostkę

## *Wskazówki:*

1. Do miski włóż 1 łyżkę oleju sezamowego, 3 łyżki sosu sojowego, 2 szczypty białego pieprzu i 1/2 łyżeczki sproszkowanego imbiru. Dobrze wymieszaj i odłóż na bok.

2. Rozgrzej olej na patelni. Dodać czosnek z pokrojoną w kostkę cebulą.

Smaż około 3-4 minuty, często mieszając.

3. Dodaj 1/2 szklanki mrożonego groszku, startej marchwi i 1/2 szklanki mrożonej kukurydzy.

Mieszaj, aż warzywa będą miękkie, tylko przez kilka minut.

4. Wymieszaj mieszaninę sosu sojowego, 2 szklanki pokrojonego w kostkę ananasa, ½ szklanki posiekanej szynki, 3 szklanki ugotowanego brązowego ryżu i pokrojoną w plasterki zieloną cebulę.

Smaż około 2-3 minuty, często mieszając. Podawać!

<u>Informacje żywieniowe:</u>252 kalorie 12,8 g tłuszczu 33 g węglowodanów ogółem 3 g białka

## *Porcje zupy z soczewicy: 2*

Czas gotowania: 30 minut

## *Składniki:*

2 marchewki, średnie i pokrojone w kostkę

2 łyżki stołowe. Sok z cytryny, świeży

1 łyżka. Kurkuma w proszku

1/3 szklanki ugotowanej soczewicy

1 łyżka. Posiekane migdały

1 łodyga selera, pokrojona w kostkę

1 pęczek świeżo posiekanej natki pietruszki

1 żółta cebula, duża i posiekana

Pieprz czarny, świeżo mielony

1 pasternak, średni i posiekany

½ łyżeczki Kminek w proszku

3 ½ szklanki wody

½ łyżeczki Himalajska różowa sól

4 liście jarmużu, grubo posiekane

## *Wskazówki:*

1. Na początek umieść marchewkę, pasternak, łyżkę wody i cebulę w średnim rondlu ustawionym na średnim ogniu.

2. Gotuj mieszaninę warzyw przez 5 minut, od czasu do czasu mieszając.

3. Następnie dodaj soczewicę i przyprawy. Dobrze wymieszaj.

4. Następnie wlej wodę na patelnię i zagotuj mieszaninę.

5. Teraz zmniejsz ogień do małego i gotuj na wolnym ogniu przez 20 minuty.

6. Wyłącz ogrzewanie i wyjmij je z pieca. Dodać jarmuż, sok z cytryny, pietruszkę i sól.

7. Następnie dobrze wymieszaj, aż wszystko się połączy.

8. Udekoruj migdałami i podawaj na gorąco.

Informacje żywieniowe:Kalorie: 242 kcal Białko: 10 g Węglowodany: 46 g Tłuszcz: 4 g

## Porcje pysznej sałatki z tuńczyka: 2

Czas gotowania: 15 minut

## Składniki:

2 puszki tuńczyka namoczonego w wodzie (po 5 uncji każda), odsączone ¼ szklanki majonezu

2 łyżki posiekanej świeżej bazylii

1 łyżka soku z cytryny, świeżo wyciśniętego

2 łyżki posiekanej, pieczonej na ogniu czerwonej papryki ¼ szklanki kalamaty lub mieszanych oliwek, posiekanych

2 duże dojrzałe pomidory

1 łyżka kaparów

2 łyżki czerwonej cebuli, posiekanej

Pieprz i sól do smaku

## Wskazówki:

1. Dodaj wszystkie składniki (z wyjątkiem pomidorów) do dużej miski; dobrze wymieszaj składniki, aż dobrze się połączą.

Pokrój pomidory na sześć części, a następnie delikatnie unieś je, aby je otworzyć. Wlać przygotowaną mieszankę sałatki z tuńczyka na środek; podawaj natychmiast i ciesz się smakiem.

Informacje żywieniowe:kcal 405 Tłuszcz: 24 g Błonnik: 3,2 g Białko: 37 g

## Porcje aioli jajecznego: 12

Czas gotowania: 0 minut

## Składniki:

2 żółtka

1 czosnek, starty

2 łyżki stołowe. woda

½ szklanki oliwy z oliwek z pierwszego tłoczenia

¼ szklanki soku z cytryny, świeżo wyciśniętego, z usuniętymi nasionami ¼ łyżeczki. sól morska

Trochę pieprzu cayenne w proszku

Szczypta białego pieprzu do smaku

## Wskazówki:

1. Do blendera wsyp czosnek, żółtka, sól i wodę; przetwarzać, aż będzie gładkie. Powoli wlewaj oliwę z oliwek, aż dressing stanie się emulsją.

2. Dodaj resztę składników. Smak; w razie potrzeby doprawić.

Wlać do szczelnego pojemnika; użyj w razie potrzeby.

Informacje żywieniowe:Kalorie 100 Węglowodany: 1 g Tłuszcz: 11 g Białko: 0 g

## Makaron spaghetti z sosem grzybowo-ziołowym Składniki:

200 gramów/6,3 uncji wokół dużej porcji cienkiego pszennego spaghetti*

140 g oczyszczonych, pokrojonych w plasterki grzybów 12-15 sztuk*

¼ szklanki śmietanki

3 szklanki mleka

2 łyżki oliwy do smażenia plus 2 łyżeczki oleju lub płynnej margaryny do połowy 1,5 łyżki mąki

½ szklanki posiekanej cebuli

¼ do ½ szklanki chrupiącego, mielonego sera cheddar z parmezanem

Kilka kawałków czarnego pieprzu

Sól dla smaku

2 łyżeczki suszonego lub świeżego tymianku*

Bukiet nowych liści bazylii szyfonowej

## Wskazówki:

1. Ugotuj makaron, gdy jest jeszcze trochę twardy, jak wskazano na opakowaniu.

2. W czasie gdy makaron się gotuje powinniśmy zacząć przygotowywać sos.

3. Podgrzej 3 szklanki mleka w kuchence mikrofalowej przez 3 minuty lub na płycie kuchennej, aż uzyskasz konsystencję gulaszu.

4. W tym samym czasie na średnio-wysokim ogniu na patelni z powłoką nieprzywierającą rozgrzej 2 łyżki oleju i usmaż przekrojone na pół grzyby. Gotuj przez około 2

minuty.

5. Pieczarki na początku puszczą trochę wody, po czym z biegiem czasu odparują i każdy stanie się świeży.

6. Teraz zmniejsz ogień do średniego, dodaj cebulę i smaż przez 1 minutę.

7. Na chwilę dodaj 2 łyżeczki miękkiego smarowidła i posyp mąką.

8. Mieszaj przez 20 sekund.

9. Dodaj gorące mleko, cały czas mieszając, aż powstanie gładki sos.

10. Gdy sos zgęstnieje, czyli stanie się gulaszem, wyłącz ogień.

11. Obecnie dodawaj ¼ szklanki mielonego parmezanu Cheddar. Mieszaj, aż będzie gładka. Przez 30 sekund.

12. Obecnie zawiera sól, pieprz i tymianek.

13. Spróbuj. W razie potrzeby zmodyfikuj aromat.

14. W międzyczasie makaron powinien lekko bulgotać.

15. Przefiltruj gorącą wodę przez durszlak. Odkręć kran i zalej zimną wodą, aby zakończyć gotowanie, odlej całą wodę i wylej ją wraz z sosem.

16. Jeśli nie jesz szybko, nie wrzucaj makaronu do sosu. Trzymaj makaron oddzielony, pokryty olejem i zabezpieczony.

17. Podawać na gorąco posypane większą ilością sera Cheddar Parmezan.

Doceniać!

# Zupa Shitake Miso z brązowego ryżu i cebulką

Porcje: 4

Czas gotowania: 45 minut

## Składniki:

2 łyżki oleju sezamowego

1 szklanka pokrojonych w cienkie plasterki kapeluszy grzybów shiitake

1 ząbek czosnku, posiekany

1 kawałek (1½ cala) świeżego imbiru, obrany i pokrojony w plasterki 1 szklanka średnioziarnistego brązowego ryżu

½ łyżeczki soli

1 łyżka białego miso

2 zielone cebule, pokrojone w cienkie plasterki

2 łyżki drobno posiekanej świeżej kolendryWskazówki:

1. Rozgrzej olej na średnim ogniu w dużym rondlu.

2. Dodaj grzyby, czosnek i imbir i smaż, aż grzyby zaczną miękąć, około 5 minut.

3. Dodaj ryż i mieszaj, aby równomiernie pokrył się olejem. Dodaj 2 szklanki wody, sól i zagotuj.

4. Gotuj na wolnym ogniu przez 30 do 40 minut. Użyj odrobiny bulionu, aby zmiękczyć miso, następnie mieszaj w garnku, aż dobrze się wymiesza.

5. Wymieszaj zieloną cebulę i kolendrę, a następnie podawaj.

Informacje żywieniowe:Kalorie 265 Tłuszcze ogółem: 8 g Węglowodany ogółem: 43 g Cukier: 2 g Błonnik: 3 g Białko: 5 g Sód: 456 mg

# Pstrąg wędrowny z grilla z winegretem czosnkowo-pietruszkowym

Porcje: 8

Czas gotowania: 25 minut

## Składniki:

3 ½ funta filetu z pstrąga, najlepiej z troci wędrownej, bez kości, ze skórą

4 ząbki czosnku, pokrojone w cienkie plasterki

2 łyżki kaparów, grubo posiekanych

½ szklanki świeżych liści pietruszki o płaskich liściach

1 czerwona papryka, najlepiej długa; cienko pokrojone 2 łyżki soku z cytryny, świeżo wyciśnięty ½ szklanki oliwy z oliwek

Kawałki cytryny do podania

## Wskazówki:

1. Posmaruj pstrąga około 2 łyżkami oleju; upewnij się, że wszystkie strony są dobrze pokryte. Rozgrzej grilla do wysokiej temperatury, najlepiej z zamkniętym okapem. Zmniejsz ogień do średniego; połóż panierowanego pstrąga na płycie grillowej, najlepiej skórą do dołu. Gotuj, aż będzie

częściowo ugotowany i złoty, kilka minut. Ostrożnie obróć pstrąga na drugą stronę; gotuj do końca, 12 do 15 minut, z zamkniętą pokrywką. Przełóż filet do dużego naczynia do serwowania.

2. W międzyczasie rozgrzej pozostały olej; czosnek na małym ogniu w małym rondlu, aż będzie gorący; czosnek zaczyna zmieniać kolor. Wyjmij, następnie dodaj kapary, sok z cytryny i chilli.

Skrop pstrąga przygotowanym winegretem, a następnie posyp świeżymi liśćmi pietruszki. Podawaj natychmiast ze świeżymi cząstkami cytryny i ciesz się smakiem.

<u>Informacje żywieniowe:</u>kcal 170 Lipidy: 30 g Błonnik: 2 g Białka: 37 g

## Wrapy z kalafiora i ciecierzycy w curry

## Składniki:

1 świeży imbir

2 ząbki czosnku

1 puszka ciecierzycy

1 czerwona cebula

8 uncji różyczek kalafiora

1 łyżeczka garam masali

2 łyżki skrobi marantowej

1 cytryna

1 opakowanie świeżej kolendry

1/4 szklanki jogurtu wegańskiego

4 okłady

3 łyżki wiórków kokosowych

4 uncje szpinaku dziecięcego

1 łyżka oleju roślinnego

1 łyżeczka soli i pieprzu do smaku

## Wskazówki:

1. Rozgrzej kuchenkę do 205°C (400°F). Obierz i posiekaj 1 łyżeczkę imbiru. Posiekaj czosnek. Ciecierzycę oczyść i umyj. Obierz i drobno posiekaj czerwoną cebulę. Podziel cytrynę.

2. Nasmaruj patelnię 1 łyżką oleju roślinnego. W dużej misce wymieszaj posiekany imbir, czosnek, sok z dużej części cytryny, ciecierzycę, posiekaną czerwoną cebulę, różyczki kalafiora, garam masala, korzeń strzały i 1/2 łyżeczki soli. Przenieś na talerz do przygotowań i wróć do brojlerów, aż kalafior będzie delikatny i smażony w miejscach, około 20 do 25 minut.

3. Posiekaj liście kolendry i delikatne łodygi. W małej misce wymieszaj kolendrę, jogurt, 1 łyżkę soku z cytryny oraz szczyptę soli i pieprzu.

4. Koperty oznacz folią aluminiową i włóż do pieca, aby je podgrzały na około 3 do 4 minut.

5. Umieść małą patelnię z powłoką nieprzywierającą na średnim ogniu i dodaj wiórki kokosowe. Grilluj, zwykle wstrząsając, aż będzie lekko ugotowany, około 2 do 3 minut.

6. Pomiędzy gorące okłady rozłóż szpinak baby i ugotowane warzywa. Ułóż wrapy z kalafiora z ciecierzycy na dużych talerzach i posyp sosem z kolendry. Posypać prażonym kokosem

# Zupa z makaronem gryczanym Porcje: 4

Czas gotowania: 25 minut

## Składniki:

2 szklanki Bok Choy, posiekane

3 łyżki sos sojowy

3 opakowania makaronu gryczanego

2 szklanki fasoli Edamame

7 uncji posiekanych grzybów Shiitake

4 szklanki wody

1 C. Imbir, tarty

szczypta soli

1 ząbek czosnku, starty

## *Wskazówki:*

1. Najpierw umieść wodę, imbir, sos sojowy i czosnek w średniej wielkości rondlu ustawionym na średnim ogniu.

2. Zagotuj mieszaninę imbiru i sosu sojowego, następnie dodaj edamame i shiitake.

3. Kontynuuj gotowanie przez dodatkowe 7 minut lub do miękkości.

4. Następnie ugotuj makaron soba zgodnie z instrukcją na opakowaniu, aż będzie ugotowany. Umyj i dobrze odsącz.

5. Teraz dodaj bok choy do mieszanki shiitake i gotuj przez kolejną minutę lub do momentu, aż bok choy zwiędnie.

6. Na koniec rozłóż makaron soba do misek i posyp mieszanką grzybów.

<u>Informacje żywieniowe:</u>Kalorie: 234 kcal Białko: 14,2 g Węglowodany: 35,1 g Tłuszcz: 4 g

## Prosta sałatka z łososiem Porcje: 1

Czas gotowania: 0 minut

## Składniki:

1 szklanka organicznej rukoli

1 puszka dzikiego łososia

½ awokado, pokrojonego w plasterki

1 łyżka oliwy z oliwek

1 łyżeczka musztardy Dijon

1 łyżeczka soli morskiej

## Wskazówki:

1. Zacznij od wymieszania w misce oliwy z oliwek, musztardy Dijon i soli morskiej, aby przygotować sos. Odłożyć.

2. Złóż sałatkę z rukolą jako podstawą i udekoruj łososiem i plasterkami awokado.

3. Skropić winegretem.

Informacje żywieniowe: Węglowodany ogółem 7 g Błonnik pokarmowy: 5 g Białko: 48 g Tłuszcz całkowity: 37 g Kalorie: 553

## Zupa jarzynowa Porcje: 4

Czas gotowania: 40 minut

## Składniki:

1 łyżka. Olej kokosowy

2 szklanki posiekanego jarmużu

2 łodygi selera, pokrojone w kostkę

½ z 15 uncji puszka białej fasoli, odsączona i opłukana 1 cebula, duża i pokrojona w kostkę

vs. Czarny pieprz

1 marchewka, średnia i pokrojona w kostkę

2 szklanki kalafiora podzielonego na różyczki

1 C. Kurkuma, mielona

1 C. Sól morska

3 ząbki czosnku, posiekane

6 szklanek bulionu warzywnego

## *Wskazówki:*

1. Na początek rozgrzej olej w dużym rondlu na średnim ogniu.

2. Dodaj cebulę na patelnię i smaż przez 5 minut lub do momentu, aż zmięknie.

3. Na patelnię dodaj marchewkę i seler i kontynuuj smażenie przez kolejne 4 minuty lub do momentu, aż warzywa zmiękną.

4. Teraz do mieszanki dodaj kurkumę, czosnek i imbir. Dobrze wymieszaj.

5. Gotuj mieszaninę warzyw przez 1 minutę lub do momentu, aż zacznie pachnieć.

6. Następnie wlać bulion warzywny z solą i pieprzem i doprowadzić mieszaninę do wrzenia.

7. Gdy zacznie się gotować, dodaj kalafior. Zmniejsz ogień i gotuj mieszaninę warzyw na wolnym ogniu przez 13-15 minut lub do momentu, aż kalafior zmięknie.

8. Na koniec dodaj fasolę i jarmuż. Gotuj w ciągu 2 minut.

9. Podawaj na gorąco.

Informacje żywieniowe:Kalorie 192 kcal Białko: 12,6 g Węglowodany: 24,6 g Tłuszcz: 6,4 g

## Krewetki cytrynowo-czosnkowe Porcje: 4

Czas gotowania: 15 minut

## Składniki:

1 i ¼ funta krewetek, gotowanych lub gotowanych na parze

3 łyżki czosnku, posiekanego

¼ szklanki soku z cytryny

2 łyżki oliwy z oliwek

¼ szklanki natki pietruszki

## Wskazówki:

1. Weź małą patelnię i postaw ją na średnim ogniu, dodaj czosnek i oliwę i mieszaj przez 1 minutę.

2. Dodać pietruszkę, sok z cytryny i odpowiednio doprawić solą i pieprzem.

3. Do dużej miski włóż krewetki i przenieś mieszaninę z patelni na krewetki.

4. Przechowywać w lodówce i podawać.

Informacje żywieniowe:Kalorie: 130 Tłuszcz: 3 g Węglowodany: 2 g Białko: 22 g

## Składniki:

młoda sałata, porwana lub pokrojona

kawałki awokado, według uznania

SOS SEZAMOWO-SOJOWY

1/4 szklanki sosu sojowego

1/4 szklanki zimnej wody

1 łyżka majonezu (według uznania, dzięki temu dip będzie aksamitny)

1 łyżeczka świeżego soku z limonki

1 łyżeczka oleju sezamowego

1 łyżeczka sosu sriracha lub dowolnego ostrego sosu (opcjonalnie)Wskazówki:

1. średni pomidor (wysiany i pokrojony na grubość 1/4 cala) 2. kawałki boczku, ugotowane

3. nowa bazylia, mięta lub inne zioła

4. papier ryżowy

## Mostek z serem pleśniowym

## Porcje: 6

Czas gotowania: 8 godzin. 10 minut

## Składniki:

1 szklanka wody

1/2 łyżki pasty czosnkowej

1/4 szklanki sosu sojowego

1 ½ funta mostka z peklowanej wołowiny

1/3 łyżeczki mielonej kolendry

1/4 łyżeczki goździków, zmielonych

1 łyżka oliwy z oliwek

1 posiekana szalotka

2 uncje. ser pleśniowy, pokruszony

Spray do gotowania

## *Wskazówki:*

1. Postaw rondelek na średnim ogniu i podgrzej olej.

2. Dodać szalotkę, wymieszać i smażyć 5 minut.

3. Dodaj pastę czosnkową i smaż przez 1 minutę.

4. Przełóż do wolnowaru nasmarowanego sprayem kuchennym.

5. Umieść mostek na tej samej patelni i smaż z obu stron, aż się zarumieni.

6. Przełożyć wołowinę do wolnowaru wraz z pozostałymi składnikami oprócz sera.

7. Załóż pokrywkę i gotuj przez 8 godzin. niskie ciepło.

8. Udekoruj serem i podawaj.

<u>Informacje żywieniowe:</u>Kalorie 397, Białko 23,5 g, Tłuszcz 31,4 g, Węglowodany 3,9 g, Błonnik 0 g

## *Soba na zimno z dressingiem Miso Składniki:*

6 uncji makaronu soba gryczanego

1/2 szklanki zniszczonej marchewki

1 szklanka zestalonego edamame w łupinach, rozmrożonego 2 ogórki perskie, pokrojone

1 szklanka posiekanej kolendry

1/4 szklanki nasion sezamu

2 łyżki czarnego sezamu

Winegret biały miso (na 2 szklanki)

2/3 szklanki białego kleju miso

Sok z 2 średniej wielkości cytryn

4 łyżki octu ryżowego

4 łyżki dodatkowej oliwy z oliwek z pierwszego tłoczenia

4 łyżki wyciśniętej pomarańczy

2 łyżki świeżo mielonego imbiru

2 łyżki syropu klonowego

## *Wskazówki:*

1. Makaron soba ugotuj zgodnie z instrukcją na opakowaniu (uważaj, żeby go nie rozgotować, bo będzie lepki i sklei się). Dobrze zciśnij i przenieś do dużej miski. 2. Dodaj zniszczoną marchewkę, edamame, ogórek, kolendrę i nasiona sezamu

3. Aby nałożyć dressing, zmiksuj każdą z nasadek w blenderze. Mieszaj, aż będzie gładka

4. Polej makaron wybraną miarą sosu (my użyliśmy około półtorej szklanki)

## Kawałki pieczonego kalafiora bawolego Porcje: 2

Czas gotowania: 35 minut

## Składniki:

kubek wody

szklanka mąki bananowej

Szczypta soli i pieprzu

1 kawałek średniego kalafiora, pokrojonego na kawałki wielkości kęsa ½ szklanki ostrego sosu

2 łyżki roztopionego masła

Sos z sera pleśniowego lub ranczo (opcjonalnie)

## Wskazówki:

1. Rozgrzej piekarnik do 120°F. W międzyczasie wyłóż naczynie do pieczenia folią.

2. W dużej misce wymieszaj wodę, mąkę oraz szczyptę soli i pieprzu.

3. Dobrze wymieszaj, aż składniki się dobrze połączą.

4. Dodaj kalafior; wrzucić, aby dobrze się pokrył.

5. Przenieś mieszaninę do naczynia do pieczenia. Piec 15 minut, raz obracając.

6. Podczas gotowania połącz w małej misce ostry sos i masło.

7. Sosem polej ugotowanego kalafiora.

8. Ugotowanego kalafiora włóż z powrotem do piekarnika i kontynuuj pieczenie przez 20 minut

minuty.

9. Podawaj natychmiast z dodatkiem sosu ranczo, jeśli chcesz.

Informacje żywieniowe:Kalorie: 168 kalorii Tłuszcz: 5,6 g Białko: 8,4 g Węglowodany: 23,8 g Błonnik: 2,8 g

# Kurczak Pieczony Czosnkowo Z Bazylią I Pomidorami Porcje: 4

Czas gotowania: 30 minut

## Składniki:

½ średniej żółtej cebuli

2 łyżki oliwy z oliwek

3 posiekane ząbki czosnku

1 szklanka bazylii (grubo posiekanej)

1,5 funta piersi z kurczaka bez kości

14,5 uncji włoskich posiekanych pomidorów

Sól pieprz

4 średnie cukinie (ułożone w makaron) 1 łyżka pokruszonej czerwonej papryki

2 łyżki oliwy z oliwek

## *Wskazówki:*

1. Rozbij kawałki kurczaka na patelni, aby szybko je ugotować. Posyp kawałki kurczaka solą, pieprzem i oliwą i marynuj równomiernie obie strony kurczaka.

2. Smaż kawałki kurczaka na dużej, gorącej patelni po 2-3 minuty z każdej strony.

3. Na tej samej patelni podsmaż cebulę, aż się zrumieni. Dodać pomidory, liście bazylii i czosnek.

4. Dusić przez 3 minuty, po czym na patelnię dodać wszystkie przyprawy i kurczaka.

5. Podawać na talerzu z zoodlami w sosie.

Informacje żywieniowe:Kalorie 44 Węglowodany: 7 g Tłuszcz: 0 g Białko: 2 g

*Porcje kremowej zupy kalafiorowej z kurkumą:*

*4*

Czas gotowania: 15 minut

## Składniki:

2 łyżki oliwy z oliwek z pierwszego tłoczenia

1 por, tylko biała część, pokrojony w cienkie plasterki

3 szklanki różyczek kalafiora

1 ząbek czosnku, obrany

1 kawałek (1¼ cala) świeżego imbiru, obrany i pokrojony w plasterki 1½ łyżeczki kurkumy

½ łyżeczki soli

¼ łyżeczki świeżo zmielonego czarnego pieprzu

¼ łyżeczki mielonego kminku

3 szklanki bulionu warzywnego

1 szklanka tłuszczu: mleko kokosowe

¼ szklanki drobno posiekanej świeżej kolendry

## *Wskazówki:*

1. W dużym rondlu rozgrzej olej na dużym ogniu.

2. Zrumienić por w ciągu 3 do 4 minut.

3. Dodać kalafior, czosnek, imbir, kurkumę, sól, pieprz i kminek i smażyć 1-2 minuty.

4. Włóż bulion i zagotuj.

5. Gotuj na wolnym ogniu przez 5 minut.

6. Zupę zmiksuj blenderem zanurzeniowym na gładką masę.

7. Wymieszaj mleko kokosowe i kolendrę, podgrzej i podawaj.

Informacje żywieniowe:Kalorie 264 Tłuszcze ogółem: 23 g Węglowodany ogółem: 12 g Cukier: 5 g Błonnik: 4 g Białko: 7 g Sód: 900 mg

# Ryż brązowy z grzybami, jarmużem i słodkim ziemniakiem

## Porcje: 4

Czas gotowania: 50 minut

## Składniki:

¼ szklanki oliwy z oliwek z pierwszego tłoczenia

4 szklanki grubo posiekanych liści jarmużu

2 pory, tylko białe części, pokrojone w cienkie plasterki

1 szklanka pokrojonych w plasterki grzybów

2 ząbki czosnku, posiekane

2 szklanki obranych słodkich ziemniaków, pokrojonych w ½-calową kostkę 1 szklanka brązowego ryżu

2 szklanki bulionu warzywnego

1 łyżeczka soli

¼ łyżeczki świeżo zmielonego czarnego pieprzu

¼ szklanki świeżo wyciśniętego soku z cytryny

2 łyżki drobno posiekanej świeżej natki pietruszki płaskolistnej Wskazówki:

1. Rozgrzej olej na dużym ogniu.

2. Dodaj jarmuż, por, grzyby i czosnek i smaż do miękkości, około 5 minut.

3. Dodaj słodkie ziemniaki i ryż i smaż przez około 3 minuty.

4. Dodać bulion, sól i pieprz i doprowadzić do wrzenia. Gotować w ciągu 30 do 40

minuty.

5. Dodaj sok z cytryny i pietruszkę i podawaj.

Informacje żywieniowe: Kalorie 425 Tłuszcz: 15 g Węglowodany ogółem: 65 g Cukier: 6 g Błonnik: 6 g Białko: 11 g Sód: 1045 mg

# Przepis na pieczoną tilapię z polewą z orzechów pekan i rozmarynu

## Porcje: 4

Czas gotowania: 20 minut

## Składniki:

4 filety z tilapii (po 4 uncje każdy)

½ łyżeczki cukru brązowego lub cukru kokosowego 2 łyżeczki posiekanego świeżego rozmarynu

1/3 szklanki surowych orzechów pekan, posiekanych

Szczypta pieprzu cayenne

1 ½ łyżeczki oliwy z oliwek

1 duże białko jajka

1/8 łyżeczki soli

1/3 szklanki bułki tartej panko, najlepiej pełnoziarnistej<u>Wskazówki:</u>

1. Rozgrzej piekarnik do 150 F.

2. W małym naczyniu do pieczenia wymieszaj orzechy pekan z bułką tartą, cukrem kokosowym, rozmarynem, pieprzem cayenne i solą. Dodaj oliwę z oliwek; rzucić.

3. Piecz przez 7 do 8 minut, aż masa stanie się jasnozłocistobrązowa.

4. Ustaw temperaturę na 400 F i spryskaj duże szklane naczynie do pieczenia sprayem do gotowania.

5. Ubij białko w płytkim naczyniu. Pracuj w partiach; zanurz rybę (po jednej tilapii) w białku jaja, a następnie delikatnie obtocz w mieszance orzechów pekan. Połóż panierowane filety w naczyniu do pieczenia.

6. Wyciśnij pozostałą mieszaninę orzechów na filety tilapii.

7. Piec w ciągu 8-10 minut. Podawaj natychmiast i ciesz się smakiem.

Informacje żywieniowe:kcal 222 Lipidy: 10 g Błonnik: 2 g Białka: 27 g

# Tortilla z czarną fasolą Porcje: 2

Czas gotowania: 0 minut

## Składniki:

¼ szklanki kukurydzy

1 garść świeżej bazylii

½ szklanki rukoli

1 łyżka drożdży odżywczych

¼ szklanki czarnej fasoli z puszki

1 brzoskwinia, pokrojona w plasterki

1 łyżeczka soku z limonki

2 tortille bezglutenowe

## Wskazówki:

1. Rozłóż fasolę, kukurydzę, rukolę i brzoskwinie pomiędzy dwiema tortillami.

2. Każdą tortillę posyp połową świeżej bazylii i sokiem z limonkiInformacje żywieniowe:Węglowodany ogółem 44 g Błonnik pokarmowy: 7 g Białko: 8 g Tłuszcze ogółem: 1 g Kalorie: 203

## Kurczak z białej fasoli z zimowymi zielonymi warzywami

## Porcje: 8

Czas gotowania: 45 minut

## Składniki:

4 ząbki czosnku

1 łyżka oliwy z oliwek

3 średnie pasternak

1kg Małe kostki kurczaka

1 łyżeczka mielonego kminku

2 nieszczelności i 1 część zielona

2 marchewki (pokrojone w kostkę)

1 ¼ białej fasoli (namoczonej przez noc)

½ łyżeczki suszonego oregano

2 łyżeczki soli koszernej

Lisc kolendry

1 1/2 łyżki mielonych chili ancho

## *Wskazówki:*

1. W dużym rondlu na średnim ogniu smaż czosnek, por, kurczaka i oliwę przez 5 minut.

2. Teraz dodaj marchewkę i pasternak i po 2 minutach mieszania dodaj wszystkie składniki przyprawowe.

3. Mieszaj, aż zacznie wydobywać się zapach.

4. Teraz dodaj fasolę i 5 szklanek wody do garnka.

5. Doprowadzić do wrzenia i zmniejszyć ogień.

6. Gotować na wolnym ogniu przez prawie 30 minut i udekorować liśćmi pietruszki i kolendrą.

Informacje żywieniowe:Kalorie 263 Węglowodany: 24 g Tłuszcz: 7 g Białko: 26 g

## Porcje pieczonego łososia z ziołami: 2

Czas gotowania: 15 minut

## Składniki:

10 uncji Filet z łososia

1 C. Oliwa z oliwek

1 C. Moja droga

1 C. Estragon, świeży

1/8 łyżeczki Sól

2 łyżki stołowe. Musztarda Dijon

vs. suszony tymianek

vs. Oregano, suszone

## Wskazówki:

1. Rozgrzej piekarnik do 200°C.

2. Następnie połącz wszystkie składniki oprócz łososia w średniej wielkości misce.

3. Teraz równomiernie rozprowadź tę mieszaninę na łososiu.

4. Następnie ułóż łososia skórą do dołu na blasze wyłożonej pergaminem.

5. Na koniec piecz przez 8 minut lub do momentu, aż ryba zacznie się rozpadać.

Informacje żywieniowe:Kalorie: 239 Kcal Białko: 31 g Węglowodany: 3 g Tłuszcz: 11 g

# Sałatka z kurczakiem i jogurtem greckim

## Składniki:

Mielony kurczak

Zielone jabłko

czerwona cebula

Seler

Suszona żurawina

## Wskazówki:

1. Porcja kurczaka w jogurcie greckim z mieszanką warzyw to świetny pomysł na przygotowanie obiadu. Możesz umieścić go w kompasie rzemieślniczym i zjeść właśnie to lub możesz zapakować go w przegródkę na super przygotowania z większą ilością warzyw, frytek itp. Oto kilka zaleceń serwisowych.

2. Na toście

3. W tortilli z sałatą

4. Z chipsami lub słonymi słoniami

5. W małej sałacie burgundzkiej (wybór niskowęglowodanowy!)

## Sałatka z ciecierzycy

## Składniki:

1 awokado

1/2 chrupiącej cytryny

1 puszka zużytej ciecierzycy (19 uncji)

1/4 szklanki posiekanej czerwonej cebuli

2 szklanki posiekanych pomidorów winogronowych

2 szklanki pokrojonego w kostkę ogórka

1/2 szklanki chrupiącej natki pietruszki

3/4 szklanki pokrojonej w kostkę zielonej papryki

Bandaż

1/4 szklanki oliwy z oliwek

2 łyżki czerwonego octu winnego

1/2 łyżeczki kminku

sól i pieprz

## *Wskazówki:*

1. Pokrój awokado w kwadraty 3D i umieść je w misce. Wyciśnij sok z 1/2 cytryny na awokado i delikatnie wymieszaj, aż do połączenia.

2. Dodaj pozostałą porcję wymieszanych zielonych składników i delikatnie wymieszaj, aż się połączą.

3. Przed podaniem przechowywać w lodówce przez co najmniej godzinę.

## Sałatka Walencka porcji: 10

Czas gotowania: 0 minut

## Składniki:

1 C. Oliwki Kalamata w oliwie, bez pestek, lekko odsączone, przekrojone na pół, pokrojone w julienne

1 główka, mała sałata rzymska, opłukana, odsączona, pokrojona na kawałki wielkości kęsa

½ sztuki, mała szalotka, pokrojona w julienne

1 C. Musztarda Dijon

½ małej satsuma lub mandarynki, sam miąższ

1 C. biały ocet winny

1 C. Oliwa z oliwek z pierwszego tłoczenia

1 szczypta świeżego tymianku, posiekanego

Szczypta soli morskiej

Szczypta czarnego pieprzu do smaku

## Wskazówki:

1. Wymieszaj ocet, olej, świeży tymianek, sól, musztardę, czarny pieprz i miód, jeśli używasz. Dobrze wymieszaj, aż winegret lekko się zemulizuje.

2. W salaterce wymieszaj pozostałe składniki sałatki.

3. Podczas serwowania skrop sosem winegret. Podawać natychmiast z 1 kromką chleba bezcukrowego lub słonego na zakwasie.

Informacje żywieniowe:Kalorie 238 Węglowodany: 23 g Tłuszcz: 15 g Białko: 8 g

## Porcje zupy „Jedz warzywa": 4

Czas gotowania: 20 minut

## Składniki:

¼ szklanki oliwy z oliwek z pierwszego tłoczenia

2 pory, tylko białe części, pokrojone w cienkie plasterki

1 bulwa kopru włoskiego, przycięta i pokrojona w cienkie plasterki

1 ząbek czosnku, obrany

1 pęczek boćwiny, grubo posiekany

4 szklanki grubo posiekanego jarmużu

4 szklanki grubo posiekanej musztardy

3 szklanki bulionu warzywnego

2 łyżki octu jabłkowego

1 łyżeczka soli

¼ łyżeczki świeżo zmielonego czarnego pieprzu

¼ szklanki posiekanych orzechów nerkowca (opcjonalnie)

## Wskazówki:

1. W dużym rondlu rozgrzej olej na dużym ogniu.

2. Dodaj pory, koper włoski i czosnek i smaż, aż zmiękną, około 5 minut.

3. Dodaj boćwinę, jarmuż i musztardę i smaż, aż liście zwiędną, 2 do 3 minut.

4. Włóż bulion i zagotuj.

5. Gotuj na wolnym ogniu przez 5 minut.

6. Wymieszaj ocet, sól, pieprz i orzechy nerkowca (jeśli używasz).

7. Zupę zmiksuj blenderem zanurzeniowym na gładką masę i podawaj.

Informacje żywieniowe:Kalorie 238 Tłuszcz całkowity: 14 g Węglowodany ogółem: 22 g Cukier: 4 g Błonnik: 6 g Białko: 9 g Sód: 1294 mg

## Porcje łososia miso i fasolki szparagowej: 4

Czas gotowania: 25 minut

## Składniki:

1 łyżka oleju sezamowego

1 funt zielonej fasolki, przyciętej

1 funt filetów z łososia ze skórą, pokrojonych na 4 steki ¼ szklanki białego miso

2 łyżeczki tamari lub bezglutenowego sosu sojowego 2 zielone cebule, pokrojone w cienkie plasterki

## Wskazówki:

1. Rozgrzej piekarnik do 200°F. Nasmaruj blachę do pieczenia olejem.

2. Na fasolkę szparagową połóż fasolkę szparagową, następnie łososia i posmaruj każdy kawałek miso.

3. Piec w ciągu 20 do 25 minut.

4. Skropić tamari, posypać zieloną cebulką i podawać.

Informacje żywieniowe:Kalorie 213 Tłuszcze ogółem: 7 g Węglowodany ogółem: 13 g Cukier: 3 g Błonnik: 5 g Białko: 27 g Sód: 989 mg

*Porcje zupy z pora, kurczaka i szpinaku: 4*

Czas gotowania: 15 minut

## Składniki:

3 łyżki niesolonego masła

2 pory, tylko białe części, pokrojone w cienkie plasterki

4 szklanki szpinaku baby

4 szklanki bulionu z kurczaka

1 łyżeczka soli

¼ łyżeczki świeżo zmielonego czarnego pieprzu

2 szklanki rozdrobnionego pieczonego kurczaka

1 łyżka posiekanego świeżego szczypiorku

2 łyżeczki startej lub posiekanej skórki z cytryny

## Wskazówki:

1. Rozpuść masło na dużym ogniu w dużym rondlu.

2. Dodaj pory i smaż, aż zmiękną i zaczną się rumienić, 3

5 minut drogi.

3. Dodać szpinak, bulion, sól i pieprz i doprowadzić do wrzenia.

4. Gotować na wolnym ogniu przez 1-2 minuty.

5. Dodaj kurczaka i gotuj w ciągu 1 do 2 minut.

6. Posyp szczypiorkiem i skórką z cytryny i podawaj.

<u>Informacje żywieniowe:</u>Kalorie 256 Tłuszcz całkowity: 12 g Węglowodany ogółem: 9 g Cukier: 3 g Błonnik: 2 g Białko: 27 g Sód: 1483 mg

## Porcja bomb z ciemnej czekolady: 24

Czas gotowania: 5 minut

## Składniki:

1 szklanka gęstej śmietanki

1 szklanka miękkiego serka śmietankowego

1 łyżeczka esencji waniliowej

1/2 szklanki ciemnej czekolady

2 uncje. Stewia

## Wskazówki:

1. Rozpuść czekoladę w misce, podgrzewając ją w kuchence mikrofalowej.

2. Pozostałe składniki ubić w blenderze na puszystą masę, następnie dodać roztopioną czekoladę.

3. Dobrze wymieszaj, a następnie przełóż masę do formy na muffinki wyłożonej papilotkami.

4. Przechowywać w lodówce przez 3 godziny.

5. Podawaj.

<u>Informacje żywieniowe:</u>Kalorie 97 Tłuszcz 5 g, Węglowodany 1 g, Białko 1 g, Błonnik 0 g

*Porcje włoskiej papryki faszerowanej: 6*

Czas gotowania: 40 minut

## Składniki:

1 łyżeczka czosnku w proszku

1/2 szklanki startej mozzarelli

1 funt chudego mięsa mielonego

1/2 szklanki parmezanu

3 papryki przekrojone wzdłuż na pół, pozbawione łodyg, nasion i żeberek

1 opakowanie (10 uncji) mrożonego szpinaku

2 szklanki sosu marinara

1/2 łyżeczki soli

1 łyżeczka przyprawy włoskiej

## Wskazówki:

1. Posmaruj wyłożoną folią blachę do pieczenia nieprzywierającym sprayem kuchennym. Połóż paprykę na blasze do pieczenia.

2. Dodaj indyka na patelnię z powłoką nieprzywierającą i smaż na średnim ogniu, aż przestanie być różowy.

3. Gdy będzie prawie ugotowany, dodaj 2 szklanki sosu marinara i przyprawy. Gotuj przez około 8 do 10 minut.

4. Dodaj szpinak z 1/2 szklanki parmezanu. Mieszaj, aż dobrze się połączą.

5. Do każdej papryki dodaj pół szklanki masy mięsnej i rozdziel pomiędzy nimi ser. Rozgrzej piekarnik do 450 F.

6. Piecz paprykę przez około 25-30 minut. Ostudzić i podawać.

Informacje żywieniowe: 150 kalorii 2 g tłuszczu 11 g węglowodanów ogółem 20 g białka

# Wędzony pstrąg zawijany w sałatę Porcje: 4

Czas gotowania: 45 minut

## Składniki:

¼ szklanki ziemniaków pieczonych w soli

1 szklanka pomidorów winogronowych

½ szklanki liści bazylii

16 małych lub średnich liści sałaty

1/3 szklanki azjatyckiego słodkiego chili

2 marchewki

1/3 szklanki szalotki (pokrojonej w cienkie plasterki)

¼ szklanki cienko pokrojonych papryczek jalapenos

1 łyżka cukru

2-4,5 uncji wędzonego pstrąga bez skóry

2 łyżki świeżego soku z limonki

1 ogórek

## *Wskazówki:*

1. Marchewkę i ogórek pokroić w cienkie paski.

2. Marynuj te warzywa przez 20 minut z cukrem, sosem rybnym, sokiem z limonki, szalotką i papryczkami jalapeno.

3. Do tej mieszanki warzywnej dodaj kawałki pstrąga i inne zioła i wymieszaj.

4. Odcedź wodę z mieszanki warzyw i pstrąga i ponownie zamieszaj do połączenia.

5. Na talerzu ułóż liście sałaty, a na wierzch połóż sałatkę z pstrąga.

6. Sałatkę posyp orzeszkami ziemnymi i sosem chili.

Informacje żywieniowe:Kalorie 180 Węglowodany: 0 g Tłuszcz: 12 g Białko: 18 g

## Składniki na sałatkę z jajkiem faszerowanym:

12 ogromnych jaj

1/4 szklanki posiekanej zielonej cebuli

1/2 szklanki posiekanego selera

1/2 szklanki posiekanej czerwonej papryki

2 łyżki musztardy Dijon

1/3 szklanki majonezu

1 łyżka soku, białego wina lub octu sherry 1/4 łyżeczki Tabasco lub innego ostrego sosu (do smaku) 1/2 łyżeczki papryki (do smaku) 1/2 łyżeczki łyżeczki czarnego pieprzu (do smaku) 1/4 łyżeczki sól (więcej do smaku)

## Wskazówki:

1. Podgrzej jajka na twardo: Najprostszą metodą przygotowania jajek bąbelkowych na twardo, które nie są trudne w marynowaniu, jest gotowanie ich na parze.

Napełnij rondelek 1-centymetrową ilością wody i dodaj buzel pary. (Jeśli nie masz garnka do gotowania na parze, nie ma problemu.) 2. Podgrzej wodę do wrzenia, ostrożnie umieść jajka na tacy do gotowania na parze lub bezpośrednio w rondlu. Rozłóż garnek. Ustaw zegar na 15 minut. Wyjmij jajka i umieść je w lodowatej wodzie wirusowej, aby je ostudzić.

3. Przygotuj jajka i warzywa: jajka drobno posiekaj i włóż do dużej miski. Zawiera zieloną cebulę, seler i czerwoną papryczkę chili.

4. Przygotuj talerz mesclun: W małej misce wymieszaj majonez, musztardę, ocet i Tabasco. Delikatnie wymieszaj w misce sos majonezowy z jajkami i warzywami. Dodaj paprykę oraz sól i czarny pieprz. Zmień przyprawy do smaku.

# Kurczak sezamowy i fasolka szparagowa Tamari

## Porcje: 4

Czas gotowania: 45 minut

## Składniki:

1 funt zielonej fasolki, przyciętej

4 piersi z kurczaka z kością i skórą

2 łyżki miodu

1 łyżka oleju sezamowego

1 łyżka tamari lub bezglutenowego sosu sojowego 1 szklanka bulionu drobiowego lub warzywnego

## Wskazówki:

1. Rozgrzej piekarnik do 200°F.

2. Ułóż fasolkę szparagową na dużej blasze do pieczenia z brzegiem.

3. Połóż kurczaka skórą do góry na fasoli.

4. Skropić miodem, oliwą i tamari. Dodaj bulion.

5. Piec w ciągu 35 do 40 minut. Wyjmij, odstaw na 5 minut i podawaj.

Informacje żywieniowe:Kalorie 378 Tłuszcz całkowity: 10 g Węglowodany ogółem: 19 g Cukier: 10 g Błonnik: 4 g Białko: 54 g Sód: 336 mg

## Porcja gulaszu z kurczaka imbirowego: 6

Czas gotowania: 20 minut

## Składniki:

¼ szklanki filetu z udka kurczaka, pokrojonego w kostkę

¼ szklanki gotowanego makaronu jajecznego

1 niedojrzała papaja, obrana i pokrojona w kostkę

1 szklanka bulionu z kurczaka o niskiej zawartości sodu i niskiej zawartości tłuszczu

1 medalion imbiru, obrany, rozgnieciony

proszek cebulowy

trochę czosnku w proszku, w razie potrzeby dodaj więcej

1 szklanka wody

1 C. sos rybny

szczypta białego pieprzu

1 sztuka, małe chili „ptasie oko", posiekane

## *Wskazówki:*

1. Całość ułożyć w dużym naczyniu żaroodpornym ustawionym na dużym ogniu. Wrzenie.

Zmniejsz temperaturę do najniższego ustawienia. Załóż pokrywkę.

2. Gulasz gotuj przez 20 minut lub do momentu, aż papaja będzie miękka.

Wyłącz ogień. Jeść bez zmian lub z ½ szklanki ugotowanego ryżu. Podawać na gorąco.

Informacje żywieniowe:Kalorie 273 Węglowodany: 15 g Tłuszcz: 9 g Białko: 33 g

## *Składniki na kremową sałatkę garbano:*

Talerz Mescluna

2 słoiki po 14 uncji ciecierzycy

3/4 szklanki małych koktajli marchewkowych

3/4 szklanki małych koktajli z selera

3/4 szklanki papryki Małe shakery

1 posiekana szalotka

1/4 szklanki małych koktajli z czerwonej cebuli

1/2 dużego awokado

6 uncji gładkiego tofu

1 łyżka octu jabłkowego

1 łyżka soku z cytryny

1 łyżka musztardy Dijon

1 łyżka słodkiego przysmaku

1/4 łyżeczki wędzonej papryki

1/4 łyżeczki nasion selera

1/4 łyżeczki czarnego pieprzu

1/4 łyżeczki musztardy w proszku

Sól morska do smaku

Przepisy na kanapki

Chleb pełnoziarnisty hodowlany

Pokrój pomidory rzymskie

Sałata do smarowania

## *Wskazówki:*

1. Przygotuj i pokrój marchewkę, seler, papryczkę chili, czerwoną cebulę i zieloną cebulę, a następnie umieść je w małej misce do miksowania. Odłóż w bezpieczne miejsce.

2. Za pomocą małego blendera zanurzeniowego lub robota kuchennego zmiksuj awokado, tofu, sok jabłkowy, ocet jabłkowy, sok z cytryny i musztardę na gładką masę.

3. Odcedź i umyj ciecierzycę, a następnie włóż ją do średniej miski. Za pomocą tłuczka do ziemniaków lub widelca rozgnieć fasolę, aż większość fasoli zostanie oddzielona i zacznie tężeć po talerzu rybnym mesclun. Nie musi być gładkie, ale wykończone i mocne. Fasolę doprawiamy odrobiną soli i pieprzu.

4. Dodaj pokrojone warzywa, krem z awokado-tofu i resztę smaków, ciesz się i dobrze wymieszaj. Próbuj i modyfikuj według swoich upodobań.

# Makaron marchewkowy z sosem imbirowo-limonkowo-orzechowym

## Składniki:

Na makaron marchewkowy:

5 dużych marchewek, obranych i pokrojonych w juliany lub spiralnie pokrojonych w cienkie paski 1/3 szklanki (50 g) ugotowanych orzechów nerkowca

2 łyżki świeżej kolendry, drobno posiekanej

Na sos imbirowo-orzechowy:

2 łyżki bogatego kremu z orzechów laskowych

4 łyżki zwykłego mleka kokosowego

Wyciśnij pieprz cayenne

2 duże ząbki czosnku, drobno posiekane

1 łyżka świeżego imbiru, obranego i zmielonego 1 łyżka soku z limonki

Sól dla smaku

## *Wskazówki:*

1. Skonsoliduj wszystkie składniki sosu w małej misce i zmiksuj, aż będzie gładkie i bogate. Odłóż w bezpieczne miejsce na czas julienne/spiralizowania marchewki.

2. W dużej misce delikatnie wymieszaj marchewki i sos, aż zostaną równomiernie pokryte. Udekoruj prażonymi orzechami nerkowca (lub orzeszkami ziemnymi) i świeżo posiekaną kolendrą.

# Pieczone Warzywa Z Batatami I Białą Fasolą

## Porcje: 4

Czas gotowania: 25 minut

## Składniki:

2 małe słodkie ziemniaki, pokrojone w kostkę

½ czerwonej cebuli, pokrojonej w ¼-calową kostkę

1 średnia marchewka, obrana i pokrojona w cienkie plasterki

4 uncje zielonej fasoli, przyciętej

¼ szklanki oliwy z oliwek z pierwszego tłoczenia

1 łyżeczka soli

¼ łyżeczki świeżo zmielonego czarnego pieprzu

1 puszka (15½ uncji) białej fasoli, odsączonej i opłukanej 1 łyżka stołowa posiekanej lub startej skórki cytrynowej

1 łyżka posiekanego świeżego koperku

## Wskazówki:

1. Rozgrzej piekarnik do 200°F.

2. Połącz słodkie ziemniaki, cebulę, marchewkę, fasolkę szparagową, olej, sól i pieprz na dużej blasze do pieczenia o brzegach i dobrze wymieszaj. Ułożyć w jednej warstwie.

3. Piecz, aż warzywa będą miękkie, od 20 do 25 minut.

4. Dodać białą fasolę, skórkę z cytryny i koperek, dobrze wymieszać i podawać.

Informacje żywieniowe:Kalorie 315 Tłuszcz całkowity: 13 g Węglowodany ogółem: 42 g Cukier: 5 g Błonnik: 13 g Białko: 10 g Sód: 632 mg

## Sałatka z jarmużem Porcje: 1

Czas gotowania: 0 minut

## Składniki:

1 szklanka świeżego jarmużu

½ szklanki borówek

½ szklanki wiśni bez pestek, przekrojonych na pół

¼ szklanki suszonej żurawiny

1 łyżka nasion sezamu

2 łyżki oliwy z oliwek

Sok z 1 cytryny

## Wskazówki:

1. Wymieszaj oliwę z sokiem z cytryny, następnie polej jarmuż dressingiem.

2. Umieść liście jarmużu w salaterce i udekoruj jagodami, wiśniami i świeżą żurawiną.

3. Udekoruj nasionami sezamu.

Informacje żywieniowe: Węglowodany ogółem 48 g Błonnik pokarmowy: 7 g Białko: 6 g Tłuszcze ogółem: 33 g Kalorie: 477

# Orzechy kokosowe, schłodzone w szkle Porcje: 1

Czas gotowania: 0 minut

## Składniki:

½ szklanki mleka kokosowo-migdałowego

¼ szklanki posiekanych orzechów laskowych

1 i ½ szklanki wody

1 opakowanie stewii

## Wskazówki:

1. Dodaj wymienione składniki do blendera

2. Mieszaj, aż masa będzie gładka i kremowa. 3. Podawaj schłodzone i smacznego!

Informacje żywieniowe:Kalorie: 457 Tłuszcz: 46 g Węglowodany: 12 g Białko: 7 g

## Porcje z ciecierzycy i świeżego szpinaku: 4

Czas gotowania: 0 minut

## Składniki:

1 łyżka oliwy z oliwek

½ cebuli, pokrojonej w kostkę

10 uncji szpinaku, posiekanego

12 uncji ciecierzycy

½ łyżeczki kminku

## Wskazówki:

1. Rozgrzej patelnię, wlej oliwę z oliwek, podgrzej na średnim ogniu 2. Dodaj cebulę, ciecierzycę i smaż przez 5 minut 3. Dodaj szpinak, kminek, ciecierzycę i dopraw solą 4. Za pomocą łyżki wymieszaj delikatnie zmiksuj

5. Gotuj dobrze, aż będzie gorąco, ciesz się!

Informacje żywieniowe:Kalorie: 90 Tłuszcz: 4 g Węglowodany: 11 g Białko: 4 g

www.ingramcontent.com/pod-product-compliance
Lightning Source LLC
Chambersburg PA
CBHW070410120526
44590CB00014B/1336